转型与升级

传统媒体的互联网＋

张桂萍　著

南方日报出版社
NANFANG DAILY PRESS
中国·广州

图书在版编目（CIP）数据

转型与升级 ：传统媒体的互联网+ / 张桂萍著. — 广州 ：南方日报出版社，2015.11
ISBN 978-7-5491-1323-1

Ⅰ. ①转… Ⅱ. ①张… Ⅲ. ①传播媒介—研究 Ⅳ. ①G206.2

中国版本图书馆 CIP 数据核字(2015)第 247138 号

ZHUANXING YU SHENGJI
转型与升级——传统媒体的互联网+

著　　者：张桂萍
出版发行：南方日报出版社
地　　址：广州市广州大道中 289 号
责任编辑：刘志一　　郑　颖
装帧设计：肖晓文
责任技编：王　兰
责任校对：王　燕
经　　销：全国新华书店
印　　刷：广州市怡升印刷有限公司
开　　本：889mm×1194mm　1/16
印　　张：9.75
字　　数：200 千字
版　　次：2015 年 11 月第 1 版
印　　次：2015 年 11 月第 1 次印刷
定　　价：48.00 元

投稿热线：（020）87373998-8503　读者热线：（020）87373998-8502

网址：http://www.nanfangdaily.com.cn/press　http://www.southcn.com/ebook

自序

2015年7月4日，国务院印发了李克强总理签批的《关于积极推进“互联网+”行动的指导意见》，传统上一直属于“引领”社会文化发展方向的传媒产业，在经过两年“断崖式下滑”仍看不见筑底迹象的彷徨时刻，也走到了历史转折的关键节点。

转型，升级，乃至颠覆，几乎所有媒体都在行动——伴随而来的，是普遍存在的迷茫和“混乱”。

传统媒体的代表之一、上海报业集团掌门裘新说要“野蛮生长，从而万物生长”；以互联网巨头为代表的新、旧媒体则直接以“基因突变”的形式重塑整个新闻业：

——谷歌宣布推出一套名为“新闻实验室”（News Lab）的新工具，记者写稿时可以在谷歌地图、谷歌提示（Google Alerts）以及公共数据查找器（Public Data Explorer）等工具中查找信息，并在YouTube上建立新闻发布频道，发布权威的、有新闻价值的内容。

——全球第一科技巨头苹果宣称正积极打造一款名为“Apple News”（苹果新闻）的新闻聚合应用。

——Facebook为吸引权威媒体入驻，开出了极具诱惑力的条件——广告收益百分百归合作媒体，Facebook不收取一分钱。

——以创新颠覆面世的BuzzFeed也称要“全面转型”，从过去一直主打娱乐新闻转型到更加注重严肃和深度的信息传播。

——擅长报道国内政治动态的美国《华盛顿邮报》，在被电商巨头亚马逊公司的创始人杰夫·贝佐斯收购后，声称要做媒体界的Uber，推出自由撰稿记者的线上网络平台“才华网络”，力图通过促成新闻媒体组织与自由撰稿记者的工作配对找到自己的商业模式。

一方面各路巨头纷纷以前所未有的创新模式横切过来抢食新闻蛋糕，另一方面普通用户和企业由被动接收者变成了真正的“主角”：通过原创、编撰、加注、标签、收录、分享等方式，全方位参与到内容生产、创造和消费当中来，“移动”和“社交”被拱成信息传播的主流，社交媒体以及专注分众的各式各样社群大量涌现，通信、社交、自媒体无缝衔接整合，个人和机构都出现了角色分身的多样性、重叠性，一个网状而非流水线传播作业模式出现了——对这样颠覆式的新格局，《赫芬顿邮报》创始人、总编辑阿里安娜·赫芬顿（Arianna Huffington）用一句话进行了高度总结：

“新闻媒体如神一般的日子不复存在了，但人们对新闻和信息的渴望一如既往，现在是新闻的黄金时代。”

确实，对整个传媒业而言，现在真是一个悲欣交集的年代。

本书正是在这样的背景下，以专访和论述两种形式，集腋传媒业界和学界的思考力和前瞻性，力图给仍在经历涅槃重生的传媒业界以启迪和借鉴。

作为“全球最具影响力人物100强”和“福布斯亚洲商界权势女性榜”人物，连续成功创办《财经》杂志和财新传媒的胡舒立，在《传媒转型的中国问题》专访中称，“传媒转型中关键要建立现代公司模式”，“复杂而专业的新闻主要靠专业新闻组织完成”。她坚持认为，传媒春天的蓬勃到来更要“通过保护版权来解决新闻原创内容的价值变现”。

中国近代史最著名的报人范长江之子、汕头大学长江新闻与传播学院代院长范东升认为，“参与、协议和社区式传播是未来传播格局下的新生态”，“媒体转型成功与否的标志在于是否与用户建立了‘联结’”。但是，中国传统媒体从中央到地方的数字化转型目前仍看不到明朗的曙光，转型的困局不在改良而在“基因”的彻底改造上。事实上，2015年，“媒体融合”已成了以习近平为总书记的新一届中央领导集体推崇的12个“习式热词”之一，专业媒体传播力不足的危机感和紧迫性已上升到国家层面。

探索融合转型和创新之道已成为众名家的共识！一批传媒“思享者”——暨南大学新闻与传播学院院长、南方报业传媒集团原董事长范以锦，中山大学传播与设计学院院长张志安，新浪网总编辑周晓鹏，移动新闻资讯应用“一点资讯”总编辑（搜狐网前总编辑）吴晨光，南方报业传媒集团副总编辑、南都报系总裁曹轲，腾讯·大粤网执行总裁易海燕等——都给出了清晰有力的回答：

“媒体融合的标志是获取和服务用户的成功！”

快速迭变时刻更需要埋头苦干者。在这个通信、传播、文化乃至经济缠绕在一起的新时代，“首届媒体融合发展及投资高峰论坛”主办方、羊城晚报报业集团管委会主任刘红兵用两句话进行了高度提炼和总结：

一是，“媒体融合的关键是思想先行”；

二是，“在云时代媒体融合更要接地气”。

除了这些很给力的答案，在内容操作和传媒专业信仰层面，本书也有一些答案。比如中国著名的新闻法学家魏永征等人谈到了“媒体重构和法理保护”，已连续任职普利策奖评选委员会主席12年的Sig Gissler教授在卸任前夕接受访谈时则谈到了“普利策奖的坚持与改变”。

新传播时代正以一元二次方的加速度方式，将我们每一个人席卷其中，这个自人类诞生之初就开始的传播活动，正在从一个古老的社会现象，转向史无前例的蜕变和重生。本书作为一种广纳集萃的传播“轻资产”，希望能给你带来一些传播创新的信息、意义和情感价值。

目录

contents

第一部分

融合访谈篇

第一章

传媒转型的中国问题

——中山大学传播与设计学院原院长、财新传媒总编辑胡舒立专访

随着全球数字化技术和信息通信技术的突飞猛进，各种网络新媒体和移动媒体深刻地改变了人们的生活方式和思维习惯，这为人才沉淀丰富的传媒业提供了全新的机遇，也构成了巨大的冲击和挑战。在中国，一方面是互联网、手机终端、多媒介传播和数字发行的相继崛起，另一方面是传统媒体业在过度管制、条块分割和机关事业单位式体制中的挣扎求生。人们担心，传统媒体就这样被迫进入“死胡同”了吗？在目前“体制”和“市场”双面夹击的局面下应该怎么办？传媒单位、传播内容和传媒人究竟应该怎么转型？2013年9月23日和25日，我专访了时任中山大学传播与设计学院院长、财新传媒总编辑胡舒立。

传媒转型中关键要建立现代公司模式

张桂萍： 近两年，技术驱动导致的传媒市场正在发生着根本性变局，已无法独善其身的传统媒体纷纷调整和转型，比如南方报业传媒集团依托原有的传媒优势继续发展老本行——一方面走全媒体发展之路，另一方面借“南方传媒”品牌“向外向下”跨区域办报，发展城市日报群及走人群细分路线等；浙江报业传媒集团的董事长高海浩认为“主编将死”，把浙报直接定位

为“互联网企业”，在传媒布局时根据“人性需求”（比如人类有娱乐、生活、资讯的需求）布局游戏产业，走O2O模式等，以“用户驱动”模式参与传媒变革。另外，包括深圳广电集团、惠州报业传媒集团、羊城晚报报业集团、广州日报报业集团等都在原有优势的基础上，探索各自的“传媒转型”之路。对此，您怎么看？

胡舒立：南方报业传媒集团和浙江报业传媒集团的转型是两种不同的思路，现在无法判断谁更高明。但如果将媒体看成具有特殊使命的商业企业，其成功标志，应该是看其在发挥社会效益的同时，能否获得经济效益，从而实现商业上的可持续发展。我觉得，对一般的企业来说，商业效益是最重要的，但对媒体来说，社会效益或者说公共利益应该是首位的。如果社会效益和商业效益发生冲突，短期商业效益要为社会效益让位。

张桂萍：传统媒体的整个产业链条比较长，比如一份报纸到读者手上，要经过记者采写、编辑编稿上版、主编审签，同时包括广告公司洽谈广告、印刷厂上版印刷、发行公司送报入户和上报摊零售的路径，这里涉及很多人的就业，由此看来，传统媒体的萎缩和调整是必然的。您说呢？

胡舒立：近年来传统意义的新闻业确实遭遇了困境。事实上美国媒体早已遭遇到类似危机，四五年前出现的金融危机对他们更是雪上加霜。当时，我请教过国内一些都市报的同行，是不是有危机感，他们都觉得中国媒体的好日子还长着呢，至少还有五六年。现在，困境，甚至可以说危机已经来临。

不过，这场危机，就你关心的纸媒而言，对于不同的媒体从业者还是要分别来看。第一块，发行。纸媒发行系统的萎缩是必然的。发行，包括订购和零售，相关配送的规模，都会大规模缩小，报社应当意识到这个转变，帮助这部分人转型转岗。新媒体的进入，对发行端的冲击是致命性的。这当然也包括新媒体对新闻产品呈现形式及相关的印刷业的冲击，不再细说。

第二块，广告人。面对两个挑战：一、纸媒的广告投放会缩减得快；二、媒体广告的投放形式会多样化。从宏观上来讲，由于中国的经济正在从高速增长变成稳定增长，这对广告业也会产生直接影响，并可能体现在媒体广告经营商的投放规模和投放形式上。

第三块，编辑记者。我觉得无论什么样的呈现形式，新闻专业主义都是有用武之地的，在这个意义上，编辑记者关键还是要保持和提升专业水平。不过在内部机制上，也存在转型挑战。与以互联网为主平台的新媒体公司不同，传统媒体不是公司制而是事业单位制，而且内部还有行政级别，是“官本位”。这肯定不利于转型。

张桂萍：那么，您认为中国的传统媒体转型，应当是什么样的具体路径？

胡舒立：应当承认公司制的效率要远高于所谓的事业制。能不能转型为公司，建立起现代公司治理结构，这也关乎传统媒体的转型成败。

当然，不是所有的传统媒体都要从事业单位转型成公司。以报纸为例，可以是双向的：党的机关报就应当是党和政府的宣传机构，其运营机制可以考虑“收支两条线”，也可以是非营利机构机制，确保其完成宣传任务，当然应当以读者喜闻乐见的形式完成宣传任务。但党报不必有商业考量，不必考虑市场影响力和生存问题，可以搞准政府机制，而其他类型的报纸应当进入市场，以现代公司的治理模式进行管理，走市场化道路。这就是“上帝的归上帝，恺撒的归恺撒”。

前者的道理比较简单。后者，就是两条出路：一是因应新媒体挑战，进行公司化改革，保护版权，最终实现转型；二是像现在这样顺其自然，等待死亡。因为你在市场上遇到的这个挑战极为巨大，人家是新技术、新机制、新思路，你本来就处于战略上的劣势地位。如果不进行脱胎换骨的改革，成功转型几无胜算。

经济学上，有个概念叫“路径依赖”，还有个概念叫“边际创新”。体制内的媒体在政府巨大资金和资源的支持下，看上去可以阶段性地维持，但因为路径依赖，边际创新的空间不大，危机迫在眉睫。当然你会说南方模式和浙报模式还是看得见曙光的。我不说将来究竟如何，“出水才见两腿泥”。应当承认他们的转型努力，都是辅之以体制机制上的改革举措的，不过应当更彻底更清晰才好。

另外，有种看法认为，有政府支持，国字号媒体无论如何也不会死。其实死或不死是概念性问题，关键是还有没有市场地位，有没有见诸市场地位的影响力。

通过保护版权来解决新闻原创内容的价值变现

张桂萍：现代社会是一个“热”的社会，传媒机构和传媒人与其他企业和职员的最大的不同点，是“价值坚持”和“创造公共价值”的自我实现。您认为在社会化媒体发达的今天，这会改变吗？

胡舒立：媒体的价值坚守还是很重要的，要把公共利益摆在首位，而不是做纯赚钱的企业。

在这里，我想谈一个中国媒体独有的问题：版权问题。中国这些基于原创的媒体，或你说的传统媒体，在版权维护上或是缺乏意识，或是无计可施。原因不说了，其结果，终将是死路一条。

《纽约时报》到现在已经成功收费，网络版收费收入超过了发行收入。这一商业模式的构建，最早可以追溯到10多年前。当时雅虎找《纽约时报》的老板小苏兹伯格谈合作，要将《纽约时报》的新闻内容直接放到雅虎新闻，大家在雅虎分享未来的可能收益。小苏兹伯格表示，可以给标题和链接以方便读者，但点击要回到《纽约时报》网站上，《纽约时报》可为雅虎带来点击支付年度费用。

这个做法后来成了西方报纸的普遍做法。即使如此，网络时代的所谓“新闻聚合产品”仍然对原创新闻在原创平台的呈现带来极大挑战，转型还是非常难，但毕竟有一定进展，无论是收费模式还是广告模式，许多著名媒体的网站还是成长起来了。如果早年以低价或无价的方式放弃自有版权，后果可想而知。保护自身新闻产品的版权，是保护新闻内容价值的最基本的手段。

对比国内，发展路径很不一样。传统媒体早年间，或是把内容一次性地卖给门户网站，或是允其免费使用。而且因为“囚徒困境”原理，售卖价格不可能是合理价格。这不仅影响了传统媒体自身的新媒体平台成长，而且使版权保护变得格外困难。因为你卖了四五家之后，已经失去了独家性，更多的人其实就在搭便车，当然是“非法”搭便车，保护成本就变得极其高昂。

长此以往，这个行业还有什么出路？所以，必须解决最基本的新闻内容的价值体现，即是要保护版权。但是，因为过去的路走错了，现在如何转回来，这成为目前中国传统媒体转型面临的另一个重要难题。一方面，传媒机构要建立起版权保护的共识，另一方面，政府也应当承担起保护新闻内容版权及建设法治环境的责任，这都很难。

张桂萍：从《财经》杂志报道的《基金黑幕》《庄家吕梁》《银广夏陷阱》等一个接一个的重磅炸弹，到《新世纪周刊》的《自来水真相》《邵氏弃儿》，以及高铁系列报道、镉米系列报道、中石油腐败案系列报道等等，您领导的媒体都以深度、原创报道见长。在传媒市场发生深刻变革的今天，一些传媒人认为“深度调查报道”才是传媒人的职业发展方向，一些传统媒体特别是报业也开始专门成立“深度调查部”，认为这样才是“核心竞争力”，您怎么看这一现象？

胡舒立：做深度新闻，更要维护版权。为什么？因为如果版权保护不力，深度新闻就很难维持。在一个机构里，记者个人可能不在乎稿子被免费转载，甚至希望自己的报道无处不在，但新闻机构的主管者应当有远见。

深度报道很重要，媒体的确要下决心来做深度报道，但深度报道是有成本的。如果原创媒体要实现商业可持续，不可能单纯靠深度报道，这是一。二是有价值的新闻、花钱做的新闻要实现商业价值，这就要靠原创平台的“广告成长”和“内容收费”的模式。

从呈现方式来看，深度报道可以先用浅层表现形式在网上或移动终端体现，然后再吸引读者进入新闻网站深度阅读。这是传播技术层面的事情了。

另外，应对现在网络和社会化传媒的竞争，传统媒体的一些做法也要发生改变。过去的专业内容都是纸媒呈现的，现在报纸阅读形式发生改变了，因此，单篇稿子的质量提高变得特别重要。不仅深度报道意味着质量，原创媒体的每一篇文章，从消息到评论，都要提升质量。网络阅读不太重视你编辑手法上的“无声语言”，大家更关注新闻本身的内容质量如何。

这种质量的含义包括：一、网络阅读都要注重速度，要快；二、新闻专业性体现在内容丰富、文字精准。由此，记者人才培养就变得更加重要了。

复杂而专业的新闻主要靠专业新闻组织完成

张桂萍：今年开始，一些著名的传媒人士先后离开传统传媒宣布创业，在国外，有做过《名利场》、《纽约客》、“每日野兽”新闻网站和《新闻周刊》主编的蒂娜·布朗，在国内，有如21世纪传媒原执行总裁、《21世纪经济报道》创始人刘洲伟等。还有不少国内传媒精英纷纷离职去一些网站或企业，有的干脆干起了“自媒体”……优秀人才的流失正在成为传统媒体的另一把“达摩克利斯之剑”。对此，您怎么看？

胡舒立：传媒人转行，或在困惑中，不要把这种现象看成“悲哀”，可以看成是令人欣慰的事情。其实没啥了不起，人就要调整自己，历史上很多产业变迁中，人都需要进行改变和调整。在这种情况下，我们要尊重每个人在变化中所做出的选择。

无论个人转行，还是个人变化，或者个人坚持，都是值得尊重的。但最重要的是，不管你做什么，都要有清晰的利益冲突意识，要有基本的道德准则，不要在利益冲突问题上走入歧途。

作为传媒机构，管理者如何留住人才？应当在公司化改制的过程中，让员工对公司的生存有明确的责任意识，必须建立起同舟共济的精神。一方面，现在生活水平提高，加上通货膨胀问题，提高传媒人的待遇应该是必然选择；另一方面，你也不可能单纯靠提高待遇来留住人才。比如《纽约时报》今年（2013年）上半年扭亏为盈，一是靠增加收入，二是靠与工会成功谈判使员工的高福利有所削减——当然这也避免了裁员。

所以，总体来讲，我的看法是：第一，传媒企业要适当提高传媒人的待遇；第二，建立价值共识；第三，媒体人出现跳槽的现象，传媒企业必须尊重和承认这个行业出现的人员流失和动荡——任何一个市场化的企业和行业，这些现象都是必然存在的，对此需要保持“平常心”。

张桂萍：您认为未来传统媒体会不会由媒体组织碎裂成为自媒体？或者诞生出大量围绕各种体验经济的“自媒体人”？

胡舒立：这涉及传媒人价值实现的方式。我觉得，“自媒体”是一种方式，但未来相当长的时间内，传媒机构的作用仍是不可替代的。自媒体毕竟是少数人，新闻生产是复杂和专业的过程，还是要靠新闻组织来完成的，无论是商业性的新闻组织，还是非营利性的商业组织。

就新闻采集来说，依托一个机构，更加有助于对新闻内容的“检验和核实”，但这个机构是营利性的，还是非营利性的？可能是两种形式并存。

有质量的深度新闻仍是“稀缺资源”

2013年9月25日上午，广东南方电视台与中山大学产学研合作启动仪式在中山大学传播与设计学院举行。作为中山大学传播与设计学院院长的胡舒立，参加了南方电视台TVS1《全民议事听》题为《竞争？融合？传统媒体转型困惑》的节目录制。作为嘉宾之一，她在与南方电视台主持人和其他嘉宾的互动中，也谈到以下看法——

问：胡老师，从您创办杂志开始走到今天，几经转型：成立了自己的传媒公司，创办了杂志和旗下网站，开始了新媒体尝试，到今天走入学界。在您的心目中纸媒究竟如何？是不是已经穷途末路了呢 ？

胡舒立：可以说是非常悲观，但是我并没有完全失望。我觉得，作为纸媒这样一种载体的传统媒体，它肯定是要逐渐退出舞台的。今后的纸媒，纸媒载体上新的内容，可能是一种补充的阅读形式，不再是主要的形式，但一些报纸仍然会存在，以后下一代人、下下一代人，他们可能主要是从电子屏幕上来读这些报纸，以后是不是还叫报纸（Newspaper）都很难说，也许叫“新闻”（News）？比如以后《南方都市报》是不是要改成《南方都市新闻》或者《南方都市》诸如此类的名字？我觉得以后无论是名字还是呈现的方式，都是会改的，纸质报纸将来会是一个补充的形式。

问：也就是说在您的判断当中，“报纸”（Newspaper）的称呼可能会消失，但它仍可能处于一个重要的位置，因为它的核心（News）没有发生改变？

胡舒立：中国的情况跟国外的情况不一样。我觉得中国从新闻需求讲，仍然没有改变，但我觉得目前中国整个新闻业的成长，从内容方向上来讲还是处在比较早期的阶段，也就是说，对新闻业的高质量的新闻，市场还是有非常强烈的需求的，长时间内仍然会是一个求大于供的局面。

总体来说，在内容端，我觉得还是有需求和有机会的，但是表达的平台可能会从纸质的平台挪到一个更加接近于屏幕的平台。我注意到，政府现在很重视网站，很多重要的新闻发布现在也已经不再是召集当地的党报发布，而是直接在自己的网站发布，这就是技术的能力，也是市场的表达。

问： 新媒体出现已给我们一个极大的冲击，我们过去习惯了每天的截稿时间是晚上11点钟，每天早晨伴随着热腾腾的早餐看一份早报，或者在傍晚的时候看一份晚报，现在几乎每个人，只要拥有手机的人都已经可以对很多新闻事件“亲临现场”，与事件同步了。在发行渠道上，印刷纸质几乎所有人都已经不需要了，因为打开手机屏幕我已经知道发生了什么。是这样吗？

胡舒立： 我还是想区分动态性新闻和分析类文章。我觉得一些比较重要的稿件，虽然在网上、在微博上、在iPad上可能都可以很舒适地阅读，但是对我个人而言，一些比较长的东西，一些更重要的东西，还是要看打印样或印刷体的，因为你会觉得，有一些东西在屏幕上无法深刻理解和掌握。我相信表达形式可能会改变我们的阅读习惯，读者会变得更加匆忙，脑子变得更好，变得更加过目不忘，但是对于深入一点的东西，我们往往过目忘“义”，不得不看好几遍，或者把一些东西写下来，或者标上一个记号，才能记住和理解。否则，无论是在纸上，还是其他载体上，这些功能如果没有，我就仍然有一个问题，即“我们的阅读或者信息传递的深刻性怎么实现”。

问： 即使在碎片化新媒体当中，人们可能更需要一份能够体现深刻性的新闻报道，无论它是以什么样的媒介方式呈现，是这样吗？

胡舒立： 对。对动态新闻，很多人就是想知道得越早越好。现在的传播特别快，主要是通过网站、短信、微博、客户端等等的形式。我知道在中国，现在的微博也是一种公众议程的设置者，但是，我还是在想，那些比较深刻和重大的话题怎么办？在美国的时候我有一个感受，《纽约时报》的报道经常涉及的是比较重大和严肃深刻的话题，比如说今天早上纽约市有一个人被杀，这个人血淋淋的照片可能会登在其他报纸上，但是《纽约时报》可能就登在末尾版面的一个小角上。《纽约时报》的读者特别是中产阶级会被“培养”成一个习惯，就是会特别留意《纽约时报》在关注哪些严肃重大的话题，这就是议程设置。

《纽约时报》新上任的CEO，就是过去BBC的马克·汤普森，今年2月份的时候对《纽约时报》内部的人也讲转型。所以我想说所谓的媒体转型，就是你最主要的呈现平台在哪儿。这是一个平台的转型。就内容提供而言，美国很多真正的好记者不得不去改行，但是我觉得中国现在还没到这种程度，因为中国长期以来好记者和好内容还处于稀缺状态，关键是我们把这些好的新闻、有深度的新闻、花了钱的调查新闻……放在一个新的、大家都愿意看到的平台上进行传播。

问：其实我也有一个疑问，美国最近出现的一个叫《赫芬顿邮报》的媒体很有名，它用新媒体的方式在全球范围内征求最优秀的写手，为其提供稿件。这种做法您怎么看？

胡舒立：我认为，媒体是由三个概念组成的：第一，是它的内容，就是它的专业新闻；第二，是它的平台；第三，是它的传播方式。我觉得传统媒体如果指的是平台和传播方式，那么它就是传统的，但是如果是指内容这一块，我觉得它是永恒的。遗憾的是，很多新闻人，包括我尊重的不少出色的新闻人，还是习惯时刻把自己的这种伟大的新闻成绩和他身边的那张纸连在一起，这个可能跟我们财新传媒的记者不太一样——他们写完稿子以后，这个稿子只要能够在网上让人家看见，他们就觉得非常高兴。我再回到"内容"这个议题上，《赫芬顿邮报》我觉得在商业上是非常成功的，但是它不能替代《纽约时报》，也不能替代其他美国报纸。

去年1月份的时候，我在达沃斯论坛参加过一个午餐会，阿里亚纳·赫芬顿本人也在。她当时就说，我们这次筹资后，终于在12个国家聘请了12个记者，我有记者站，开始给我的作者一些稿费。路透社的总编辑Steven Adler当场就说，他们公司宪章上就写了一句话："世界上任何重大事件发生的时候，路透社的记者都必须在现场。"他认为，新闻的生命在于记者在现场，聚合新闻不能代替真正的新闻行业的存在。

问：您依然相信，一份优质报纸的核心竞争力不会发生改变，改变的只不过是传播的平台和在这个平台上展现的方式而已，是吗？

胡舒立：对。事实上，第一，我们整个传统媒体，从纸质到新平台的转移都太晚了。因为从1998年开始，四大门户网站就已经把传统媒体的原创内容放到了他们的平台上，传统媒体一直依靠这些平台扩大自己的影响，但是自己的网站起步太晚。第二，就是投入太少。

问：作为观察者，您并不会觉得悲观，但是我要提供一组数字，我们发现从2012年到2013年，大量的广告投放开始从电视台转移到了新媒体的视频网站，因此我们最大的广告商们已经开始把注意力集中在新媒体上，电视台就有危险了，也许有一天我真的会失去工作的机会了。

胡舒立：那你到网络公司工作不就完了嘛，我不觉得这是一个可以悲观的理由。我觉得电视台稍微有一点点衰落，广告少一点，有竞争，不见得是坏事。因为这个行业竞争变得更充分，破除电视台过去垄断的局面。另外我觉得中国电视业其实不用太担心，至少没有纸媒受到的冲击这么大。因为纸媒在平台上是一个替代的关系，很大程度上容易被网站替代，但是电视台和网站的形式可能是一个并存的关系，不会完全被替代掉。那些商业化程度比较高，很早跟市场结合、跟各种公司合作的电视台会越做越大。而且电视界有比较明确的版权意识，比如对国外的一些成功的节目形式都要买版权，不会去“偷”，这就和文字不一样。我是非常热爱文字的，我觉得世界上这么复杂的事儿，通过“写”就能够把最深刻的意思表达出来，这是多么好的一种形式啊，但是这种形式是极易被偷被盗版的，电视台就不容易被盗版。这是电视台能够生存下去的原因，收入少一点没有关系。

问：这是站在一个电视制作者角度来看的。舒立老师，您算是试水电视制作的，财新网也在推出视频节目，感受如何？好玩吗？

胡舒立：我觉得我没有太单纯地把它做成一个视频节目，我们制作的是一个多媒体形式的新闻。多媒体时代，新闻应该用多种方式来表达，让读者更充分、更深刻地感受到你要写的东西和传达的意义。

（本文得以问世，在此鸣谢中山大学传播与设计学院现任院长张志安教授、院长助理龚彦方副教授，鸣谢南方电视台台长蔡照波和编导金梦彦，广东省新闻学会副秘书长许期卓对本文亦有贡献。）

受访者简介

胡舒立 财新传媒总发行人兼总编辑、财新《新世纪》总编辑，受访时任中山大学传播与设计学院院长、教授、博士生导师。曾参与创办《财经》杂志并任主编。被美国《外交政策》杂志评为“2009年度世界百名思想者”，获评美国《时代》周刊“2011年全球最具影响力人物100强”，2012年获由密苏里大学新闻学院颁发的“密苏里新闻事业杰出贡献荣誉奖章”，2013年入选“福布斯亚洲商界权势女性榜”等。曾因多次撰写并刊发黑幕报道如“基金黑幕”“银广厦事件”等等，锋芒毕露，一度引发中国证券市场的大地震，被美国《商业周刊》冠以证券界“中国最危险的女人”。

第二章

困境下的传媒转型：再论媒体重构和法理保护

中国传媒产业正面临前所未有的变局：一方面，过去来源于权威喉舌地位的媒体权利，在新媒体时代开始悄然转向一个个具体的“用户”，用户的信任变成传媒产业的“关键节点”；另一方面，公信力一直是中国媒体最可依赖的保护，但是近年来，整个传媒产业陷入“市场”和“体制”的双重困境，这件珍贵的喉舌“保护外衣”也开始变得岌岌可危。

在新形势下，媒体行业究竟需要什么样的行业自律？在激烈竞争环境下媒体和媒体人如何自保？又怎么样依法行使法律赋予的新闻监督和报道的权利？

同样，作为每一个活生生具体的新闻人，在新闻报道实践工作中，是先要自由还是先自律？是重结果还是重程序？是重道德还是凭制度？

在全行业面临重构“全球化、跨媒体、跨产业”的大媒体新格局的今天，就这些普遍关心的问题，我独家专访了传媒专家范以锦、魏永征、张志安和郭全中，他们从传播法理、传播内容和传媒人三个角度谈了各自的看法，给业界同人以借鉴和参考。

媒体行业：总体陷入“导向”和“经营”双重困境

张桂萍： 目前媒体的困境和原因具体有哪些？有哪些因素在影响媒体机

构和媒体人？

范以锦：媒体受到体制机制的束缚，活力不够。过去由于总的经营形势比较好，媒体经营者虽有导向的压力，但经营方面比较轻松。现在面临导向和经营两方面的压力越来越大。绝大多数传统媒体的经营依赖广告，现在陷入的困境虽与经济形势有关，但无论从目前还是长远来看，与新媒体的崛起有关。新媒体摊薄了传统媒体原有的蛋糕。

魏永征：新媒体对传统媒体的冲击，是一个国际性现象。当数年前，美国《洛杉矶时报》申请破产、《落基山新闻》停刊、《纽约时报》卖掉它的总部大楼之时，我们还觉得这是发生在遥远的美国的事情，与我们似乎关系不大。但是报业危机来到中国比我们预料的要快要强烈，人们已经清醒地看到，传统的报纸“两次销售”和以广告为主要盈利来源、以广告养报纸、以大众化报纸（都市报）养党报的经营模式不灵了。最近上海两大报业集团合并，就含有见微知著、抢先出招的意味。由于我国新闻体制与美国根本不同，上海的措施表明，我国不可能发生像美国那样拥有十几家报纸、几十家电视台的论坛报集团整个申请破产的事件。困境也好，危机也好，是可以应对的，关键一在政策，二在措施。十八届三中全会《决定》就提出“整合新闻媒体资源，推动传统媒体和新兴媒体融合发展”，“在坚持出版权、播出权特许经营前提下，允许制作和出版、制作和播出分开”，等等，这些都是大有文章可做的。一些报业集团也正在做各种融合、转型以及寻求新的盈利模式的探索，如浙江日报报业集团收购盛大旗下的两家游戏公司、粤传媒收购上海香榭丽广告传媒公司等布局户外LED大屏和游戏产业、上海报业集团成立之日就同百度签订合作协议等，我们期待它们取得重大拓展，为传媒业提供有益的经验。

张志安：我个人认为，目前传统媒体的困境主要来自三个方面：一、在互联网及新媒体的冲击下，面临发展的“拐点”和盈利困难的挑战；二、在新闻报道空间收紧的态势下，面临新闻报道和品质提升的挑战；三、在权力、商业、舆论的多重压力下，面临如何坚守专业规范和伦理的挑战。

郭全中：我认为媒体困境首先有深层次的背后原因。1978年，人民日报社等首都8家新闻单位向财政部提出“事业单位企业化运作”试点的请求被批准，标志着我国传媒业市场化进程蹒跚起步的开始，到今天绝大多数的新闻单位依然采取的是事业单位企业化运作的运行方式。这种运作方式说难听点就是“头是事业，体是企业”，就是你既要首先完成好党和政府的宣传工作，同时你又要赚钱养活自己。其后30年，我国传媒业进入黄金发展期，媒体依靠市场的力量能很好地养活自身，不但媒体数量大增，市场活跃度也大大增加，吸引了很多有理想、有抱负的人士加入进来。这一阶段持续到2005年，随着互联网的快速发展，传统媒体开始进入衰落期。这个时候，媒体的数量就显得过剩，一些媒体开始出现亏损。但是我国又没有形成科学的媒体退出机制，这就必然导致媒体业的鱼龙混杂，各种不良现象开始出现。

张桂萍：有媒体专家认为，与公众讨论公共问题仍需要专业人士参与。按照哥伦比亚大学传播学学者迈克尔·舒德森的说法，新闻是一种信任的代理。现在新传播技术层出不穷，人们获取信息的渠道渐趋多元——公民记者、微博、微信、博客，都可以成为信息的直接来源。在这样的竞争格局下，作为专业的媒体和媒体人，怎样做才可打造自己的核心竞争力？

范以锦：传统媒体与新媒体不同点之一，就是传统媒体有一支新闻的专业化队伍，他们可以做得更专业、更权威、更有公信力。传统媒体的专业记者不能跟着网络信息跑，在网络信息沸沸扬扬、真假难分的时候，要以自己的独特视觉发表自己的观点，以深度的调查做出有说服力的报道，打造内容的核心竞争力。

张志安：对专业媒体和媒体人来说，提供真正专业、经过核实、关于重大公共利益的事实和真相，才是其安身立命的价值所在。整体上看公民记者、微博和博客，提供的内容整体是碎片化、快餐化，且多是未经验证的。因此，专业媒体在信息传播链条和舆论场域中，应该扮演“压舱石”和“稳压器”的作用。

郭全中：衡量新闻和信息的关键在于三个度：信度、态度和温度。所谓信度是专业性，所谓态度是指其价值取向，所谓温度是指其人文关怀。而要完成具有三度新闻的新闻人必须是专业的和职业的，而当前传媒业弥漫着浓烈的浮躁气氛，忽视专业和职业而片面宣扬新闻理想的事例比比皆是，而毫无疑问的是，只有建立在扎实的专业素质和职业伦理基础上的新闻理想才真正能够实现，否则就是无根之木、无源之水！

张桂萍：新闻业是一个依靠公信力和良好声誉得以存在的行业，无论是一家媒体的崛起，还是整个业界的兴盛，无不与良好的社会声誉、公众的高度认可息息相关。新闻从业者自我认同和职业荣誉是其工作的内生动力，但在过去同行业竞争激烈未有缓解的情况下，现在又多了新媒体的竞争——市场化生存的"盈利压力"和计划体制遗留下的"体制积弊"，导致舆论环境出现层出不穷的不良现象，舆论监督也出现难以把控平衡度的问题。对此，您怎么看？

范以锦：舆论监督是媒体的主要职责之一，也是提升媒体公信力、影响力的重要报道形成，更是维护社会公平、正义的有力武器。正因为舆论监督的重要性和不同寻常的影响力，所以务必出自公心严格把握好，同时也要以专业主义的精神切实做出专业水平。舆论监督发生问题，有各类不同的情况，有的是专业水平问题，有的是作风浮躁未深入实际全面了解情况，有的是在不良职业道德驱使下发生的问题。最不能容忍的是新闻敲诈行为，即通过公开曝光或写内参之名向当事单位索要钱财。这不是一般道德的问题，而是涉及了违法犯罪的问题。

魏永征：最近有一些记者涉案，上了法庭，有些人担心这种丑闻是对传媒界公信力致命的冲击，我看不至于。这种情况已经存在多年，早在20世纪80年代杨继绳就提出"新闻腐败"问题，写文章发表在上海《新闻记者》上。90年代轰动全国的"长城公司诈骗案"，就有好几家中央媒体记者涉案。作为历史警示，我在《新闻传播法教程》第四版里，列举了21世纪以来记者受贿、敲诈勒索以及其他手段非法获利的罪案10多起，涉及人员有姓有名的就有50多人。舒立用"新闻寻租"来说明这种现象。作为一位深谙经济理论的媒体人，当然是在"寻租"（Rent Seeking）的本来意义上使用这个概念的。寻租是指凭借政府权力保护或支持而进行的寻求财富转移的活动。所以，新闻腐败其实与官场腐败有密切联系，就是官场腐败的延伸，当下的腐败是在社会转型时期各行各业带有普遍性的现象。所以我并不认为新闻腐败使得我们的新闻事业陷入了难以摆脱的困境。

首先，现在中央采取各种措施加大反腐败力度，加强反腐败体制机制创新和制度保障，取得了有目共睹的成效。新闻队伍中一些腐败分子被揭露，同样是纯洁了我们这个队伍。

其次，在当下融合媒体时代尤其需要专业的守望者。在UGC（用户创造内容）机制下，人人都可以发布信息，人人都可以成为“记者”，那么还需要记者吗？我说正是因为信息爆炸，众说纷纭，莫衷一是，人们才更加需要具备“专业操守”的新闻记者为他们导航：什么是可以相信的，什么是应该反对的，什么是应该敦促当局予以处理或解决的——社会对有高度公信力的专业新闻记者声音的需要，从来没有像现在这样强烈。比如在反腐败斗争中，新闻记者的作用是谁也无法抹杀的。《财经》副主编罗昌平由于“勇敢揭露了腐败现象”而荣获透明国际本年度清廉奖，这对我们媒体同行就是一个强有力的激励和示范。

其三，新闻腐败丑闻会警示新闻界。会有舒立这样一批有识之士站出来，指出“新闻寻租不可恕”，呼吁清理门户，纯洁自身队伍。而管理部门、行业组织、各家媒体单位，也会采取相应措施，通过各种他律和自律手段来制止腐败现象。

其四，从某些案例可以体会一个坚守使命的新闻记者必须洁身自持。在海外访学的南京大学老师周海燕提出了“污点寻租”（Rent-Seeking Tthroughout Stigma-seeking）问题，这个现象是存在的，她指出这一点很有启示，但我觉得海燕悲观了一点。其实抓住对手的污点做文章，是非常常见的斗争手段。在西方世界的竞选中就经常发生。一位有使命感的新闻记者，站出来揭露腐败或其他不法现象，抨击时弊，就等于把自己置于对手的全方位监视之前。如果他自己也有软肋，被对手击中了，“出师未捷身先死”，这能怨谁呢？这体现了“正人必先正己”的古训，也可以说是一种对监督者的特殊的监督，即对手的监督。

张志安：舆论监督难的关键是政策空间和报道环境的问题。过去，典型的舆论监督有两种模式：一是以中央电视台《焦点访谈》为代表的舆论监督，依托国家台的行政权威，对地方基层政府的问题进行监督，本质上是一种“治理技术”；二是以《南方周末》为代表的舆论监督，主要依托市场影响和专业精神，典型的特征是“异地监督”，即主要监督广东以外省份的社会问题。目前，这两种形态的舆论监督都在式微。

郭全中：在当前物欲横流、浮躁的时代背景下，整个社会都发生了异化，新闻业也难免出现这样那样的不良现象，但是媒体业的整体道德水平还是好的，是优于社会整体道德水平的。

那么我们该如何正确看待媒体出现的不良现象呢？请允许我用当前经常出现的雾霾天气来做个比喻，雾霾天气、家庭住所和个人之间的关系就像社会、媒体机构和媒体从业者之间的关系，当雾霾天气频繁光临的时候，也许只有那些有能力在自己的住所安装高级空气净化器的高富帅、白富美能呼吸干净的空气，而大部分屌丝和苦逼只能在羡慕高富帅、白富美的同时呼吸这污浊的空气。当整个社会都存在这样或那样的问题，严重一点说，被异化的同时，大多数媒体机构和从业者能守住清白之身吗？我看难。

当然，对于媒体乱象一定要严厉批评，触犯法律一定要严惩！但是，对于媒体的批评一方面又不能变成“道德模范”，脱离现实环境进行道德说教式的“一贯正确”；另一方面，又不能沦为为批评而批评，而要去探寻背后产生的根源，并去寻找根本的解决办法。当然，最为根本的还是要去真正理解媒体的困境，真正了解媒体和媒体从业者的困与惑、难与苦，要能够为媒体业发声，为从业者发声！

张桂萍：传统传媒业的运营模式一直是一种工业化的标准模式，新闻的内容制作单纯靠记者、编辑对社会的认知并遵循某些行业固定的流程而批量生产，再二次销售给广告商，用户无法参与新闻生产，在激烈的市场竞争下，不少媒体经营者最先想到的是广告主的利益，然后才是社会责任——这种模式既导致了“新闻生产”容易出现“铜臭味”，在互联网时代，被忽略的用户或“读者”也容易抛弃媒体。对这个困局，您怎么看？有何建议和良方？

张志安：传统媒体“二次销售”的盈利模式的确需要变革。我想，在整个行业真正发生革命性转变之前，需要做的事至少有两个方面：一是真正维护你的版权，让高质量的内容在数字化的网络平台上依然有价值变现的空间；二是逐步改变你的经营方式，在“新闻信息化、信息产品化、产品服务化”的理念主导之下，依托精准数据库的分析、驱动，通过提供整合营销来创造价值、获得回报。

郭全中：传统媒体业的“二次销售”并不必然导致新闻生产容易出现“铜臭味”，因为广告主最为看重的是媒体的传播价值，而传播价值高度依赖于媒体用户的价值，因此，真正强大的媒体一定是首先服务好用户的媒体。

当前，传媒业之所以出现困境，是因为互联网带来了更好的商业模式，传统媒体的“二次销售”模式已经坍塌，被互联网“免费+收费”的商业模式所代替，这才是根源，因此，传统媒体只有顺应趋势才能真正实现转型，拯救自己。

张桂萍：已发行了125年的老牌纸媒英国《金融时报》，面对新媒体开始实施重大转型：一是2014年上半年，报纸把全球五个不同版本（美国版、欧洲版、英国版、中东版和亚洲版）缩减至一个；二是以后印刷制品将脱胎于互联网的内容，而非相反；三是传统的截稿时间将不复存在，全天候运作将成报业常态；四是采编团队将从“快速对新闻做出反应”向“探寻已有新闻的深层意义”转变——但是采编人员仍将忠实地追求具有原创性及调查性的新闻……对这些改革，您怎么看？您认为这样的改革思路国内媒体可以效仿吗？为什么？

范以锦：《金融时报》未介入新媒体之前就已成为品牌媒体，介入新媒体之后将品牌延伸到了新的领域，继续收获品牌效益。中国有许多纸媒也被称为品牌纸媒，他们也积极往数字化转型，有的品牌纸媒办的电子形态产品用户已超过百万甚至数百万。但残酷的现实是，一旦收费，大量读者就放弃。说到底还是我们那些号称为品牌的纸媒，其品牌价值是有限的，不是站在国际视野和外部大环境高度去应对市场竞争，习惯内部与同行比高低，办出的“品牌纸媒”只是相对同行领先一步，容易被模仿。即便差异化比较突出的品牌媒体，当呈现在网络上之后就很难看出差异化，其品牌的特有价值也就消减了。

张志安：《金融时报》“数字优先”战略的改革有两个基本前提：一是数字版的用户规模和收入已经超过平面版，收入结构开始严重依赖数字业务；二是融合新闻生产的核心平台归根结底应该是互联网，必须以网站为中枢重塑全媒体的生产机制和流程。

因此，这种“数字优先”战略对国内的传统媒体改革是有启发和借鉴意义的，但未必马上有复制和效仿的意义，即便你想复制也很可能无法复制成功。其中一个非常简单的理由是，《金融时报》是专业类财经报纸，国内类似定位的只有《21世纪经济报道》《第一财经日报》和财新传媒等少数几家。

郭全中：这种改革思路是对的，按照互联网的规律来生产新闻，国内的同行应该学习和借鉴。当然也必须强调的是，关键是能否建立起数据挖掘和分析平台，如果不能建立起这样的平台，其商业价值也难以实现最大化。

张桂萍：早前财新传媒总编辑胡舒立在《传媒转型的中国问题》（见《岭南传媒探索》杂志2013年第5期专访）中开出“药方”，认为中国的传媒单位应转为两种类型以图发展：要么转型为公司，建立现代传媒运营模式，按市场规律办事；要么转型为非营利性机构，即获得财政拨款并实行“收支两条线”的党报，在实际运作中不必有商业考虑，而是重点刊登读者喜闻乐见的新闻，同时确保完成党的宣传任务。对此观点，您怎么看？

范以锦：有一定道理。但对党报来说也只是一种权宜之计，如果有了资金的保障就不思进取，最终也是守不住阵地的。

张志安：我对舒立院长的观点很认同。

郭全中：胡舒立先生的思路其实和国家对新闻出版单位转企改制的“分类改革”大致相同，建议给党报党刊党台党网这样的机构给予更多的财政支持。这种思路和改革开放30多年来国有企业改革的“抓大放小”的思路是一致的，先紧紧抓住意识形态属性强的媒体，而放开市场化属性强的媒体，总体来讲是一个进步。但是我们也必须清醒地认识到：如果不按照市场规律办事，如果不从用户的角度出发，即使再多的财政支持，也不可能办出有影响力的媒体来。

如果真要进行改革，我提出以下建议：一是构建全国统一性的传媒业大市场，培育真正市场化的传媒集团。二是在“分类改革”的基础上进一步深化“转企改制”的改革，即对于时政类媒体由各级财政给予补贴支持，而其他媒体则进行彻底的转企改制。三是按照传媒业发展的规律，实现采编经营的合一。四是对国有文化企业采取科学合理的管理方式，实现国有文化资本的社会化；建立健全公司治理机制；建立和完善企业家市场，强化市场评价机制；实现文化企业家来源的多元化；建立科学合理的激励约束机制。

当然，我个人认为，在互联网对传统媒体渐成替代之势的今天，仅仅公司化运作还远远不够，还必须培植互联网基因！

魏永征： 上海报业集团成立，恢复三报法人地位，每年给解放、文汇两报各5 000万元津贴，其他报刊逐步都将进入市场体制，是不是就是舒立所说的两种类型？

传播内容：损害商誉等罪有严格法律准绳　遵法守德是底线

张桂萍： 事实上，现在的“传播”面临着“信息边界不清”的问题——一方面，公众不能理解或容忍新闻报道的“差错”，对犯有根本性差错的媒体及记者报道众声喧哗，批评的尺度和角度有时候远远超出了合理范围，但人犯错是在所难免的；另一方面，现在很多人，包括职业传媒人在内都热衷于永无休止地发微博、发微信、写博客、制作视频、写稿件等，没有经过“审核”的“作品”差错越来越多，到头来，公众收到的信息可能是“一堆垃圾”，也可能因为不严谨或错漏导致法律纠纷。对此，您怎么看？

范以锦： 自媒体人与专业媒体人不同，自媒体人往往不受任何组织或机构管理者事先审核而自行发布新闻，发什么内容、什么时候发全凭自媒体人把握，这也就有了“我的媒体我做主”的说法。我们许多传统媒体的专业媒体人具有双重身份，即兼备专业媒体人和自媒体人身份。他们从事的“公民新闻”发布不是专业工作，只是一个业余爱好而已。尽管是业余爱好，但由于他们原本就具有专业精神，因此他们的发声具有较大的影响力。双重身份的媒体人，在不同的平台上传播信息、发表观点，如何有所作为、如何把握好尺度尤其是道德的尺度，值得思考和探讨。尽管具有双重身份的自媒体人在自媒体的平台上可以更自由地传播信息、表达观点，可以施展在传统媒体上不易施展的才华，但并不意味着可以为所欲为。在事关新闻道德的问题上，尺度应一致，底线应一样，不能成为道德两张皮的人格分裂。

魏永征： 在不同的媒体上，存在不同的边界。我本人，有三个发表言论的场所，第一是我的博客，自媒体；第二是商业网站；第三是期刊、报纸。我清楚三者的区别。有些文章，可以在自媒体上发布但不能在后两种媒体上发，有些文章，可以在商业网站上发但不可以到报刊上发。而自媒体言论也是有边界的，有些内容绝对不可以发，如果有人在评论栏上贴出这类内容，我一发现立即予以删除。边界在哪儿呢？除了凭我从文五十年的经验，我主要说一说：法律与宣传纪律。

报纸期刊以及其他所谓的传统媒体，只要是党领导下的媒体，必须遵循党的宣传纪律。这是毋庸置疑的。

自媒体和商业网站，它们都不在党的垂直领导之下，通俗说是在体制以外。虽然商业网站也会经常收到主管部门的指令，但是由于它们不能自己发布时政类新闻，所以对其他内容的要求就会宽松一些。大致说，基本边界就是法律。法律在哪里？《刑法》涉及言论的罪名大约有二三十种，《侵权责任法》涉及言论的侵权行为至少有六项，《出版管理条例》等行政法规规定了十条或以上的禁载规定，这就是边界。超越这些边界就是违法或犯罪，会受到法律制裁。这并不是中国特有的。国际人权公约规定表达自由是一项负有特别责任和义务的权利，所以必须以法律予以限制。自媒体、商业网站，只能在这个边界内发表言论。

一位专业的媒体人，既可以在所在的媒体上发表言论，又拥有自己的博客、微博自媒体，他就必须善于把握这两种不同的边界。什么山上唱什么歌，这不是什么人格分裂。在自己所在媒体上发言，要受到本媒体规章制度、宗旨方针等等约束，要让主任、总编层层把关，自由度小了很多。其实世界上所有媒体都这样，哪一家媒体的文章不用经过各级主管的把关呢？所以陈婉莹在10年前就写文章指出，在美国，记者的权力要小于普通人，因为他必须受到本媒体的约束。所不同的是，在中国，我们媒体内部的约束最终来源于党和国家的意志。但是媒体人也很安全，符合宣传纪律的文字不可能是违法的。即使由于疏忽大意发表了某些失实内容引发了侵权纠纷，也由媒体单位给你担着，由媒体承担责任，按照《侵权责任法》规定，这叫替代责任。媒体人有了自媒体，一下觉得解放了，自由了，可以想怎么说就怎么说了，对吗？当然不对！还有法律的边界。而且由于没有人给你把关，必须自负其责。如果不细心认真地对待自己的文字，那就很不安全。

还举罗昌平为例。罗昌平是《财经》杂志副主编，他调查了刘铁男的劣迹，千真万确，能够写报道在《财经》发表吗？不行。作为副主编，即使有签发稿件的权力，也不能签发。因为有纪律，点名批评领导干部的文章必须经过他的上级党委的批准。他要揭露这个贪官，就只能走体制外，就是在自己的微博曝光。对方立即反扑，说是污蔑造谣，扬言要采取正式法律手段解决。用一句“古话”，这真是“你死我活的斗争”。罗昌平成为胜者，在于他掌握了刘的真凭实据，媒体人的力量只是在于事实，而可以证明的事实是不可击倒的，他也没有其他软肋，要不然，就不会有站到透明国际颁奖典礼上致辞的罗昌平了。

所以媒体人学一点法律非常重要，这是对自己的重要保护，不要以“不懂法”原谅自己。现在媒介法的书出版了很多，中国的，外国的，可以选择读几本。

张志安：问题出在“浮躁”和“把关”，一方面跟人心浮躁、功利倾向有关，另一方面跟把关缺失和专业失范有关。解决的根本在于，机构化的专业媒体必须有完善的、严谨的新闻采编规范。这方面的一些原则和做法，我在国家新闻出版广电总局最近主编的《全国新闻记者培训教材2013》的相关章节中有专门论述，可供参考。

张桂萍：有人说，中国的新闻工作者群体目前处于一种撕裂状态，除了市场竞争和新媒体兴起导致的困局，还有一个原因是所有从业者并没有形成一个拥有共同目标、共同操守、共同价值观的群体，这种撕裂的局面让中国新闻工作者很难形成一种合力，这也最终导致这个群体的主观能动性变差、从业人员容易失范，在专业新闻采集中，无论是传媒单位还是传媒人都无法以法律“自保”。有人认为这个局面与中国缺乏《新闻法》有关，您怎么看？

魏永征：我不明白所谓“撕裂状态”与法律有什么关系。形成一个拥有共同目标、共同操守、共同价值观的群体，属于新闻伦理的问题，这是需要通过长期培育形成的。我想十八届三中全会《决定》提出“严格新闻工作者职业资格制度”等也许有助于推进形成这种群体，这不是用法律来解决的。

至于说记者无法自我保护，是由于没有法，这个说法不对。前面说的那些言论边界，难道不是法吗？法的功能从来就是两面的，既约束公民也约束政府，就是说，法律设置的边界，是政府和公民都必须遵守的。公民的行为只要没有逾越法律，政府就不能剥夺公民的权利。

即使最严厉的《刑法》，以刑罚制裁犯罪行为，同样寓有保护的一面，就是不能证明有罪就是无罪，而有罪必须经过法院判决，对无罪之人不许滥用刑罚，而各种罪是有严格条件的，这叫犯罪构成。

举一个最近议论比较多的罪名：诽谤罪，以及可以说是对于企业法人的诽谤罪即损害商誉罪（全称损害商业信誉、商品声誉罪）。它们都有严格的构成。

在客观方面，都必须有捏造并传播虚伪事实侵犯特定人或企业的名誉或声誉的客观行为，并造成对方相当程度的损害。如果事实虽然虚假，但自有来源或是转述别人言辞，那就不能说是捏造。如果不能从言辞中辨认是指哪一个人或企业，只是泛指某种现象，虽然不实，也不足以构成犯罪。

在主观方面，都必须出于直接故意，这就是明知自己的行为会造成危害结果却希望其发生，换句话说，必须以虚假事实损害特定人或企业声誉为目的。不久前“两高”解释规定，明知是捏造的损害他人名誉的事实，在信息网络上散布，情节恶劣的，以捏造事实诽谤他人论。这是说即使不是自己捏造，但是明知虚假而且有损他人名誉而加以传播，也可以构成犯罪。而如果记者疏于核实，传播了虚假信息，这只是属于过失；严重些，如对他人传来的负面文字根本不做核实就予以传播，对可能产生损害名誉的后果采取放任态度，这叫间接故意，都不能构成犯罪。

还有重要的一条：按照我国刑诉法规定，被告人有罪的举证责任由控方承担。所以上述事实虚假、针对特定人（企业）、捏造、直接故意、明知等等犯罪构成的关键事实，都必须由控方一一提供证据证明，而且这些证据都必须排除合理怀疑。

从这样看，记者在正常报道或舆论监督中因内容而触及刑法的机会是很低的，这些条文对记者威胁并不大。报道失实甚至虚假，言辞夸张粗暴，乱加推理和判断，诸如此类违反专业规范的行为，都不构成犯罪，而有可能承担侵害名誉权的民事责任。重要的是，一要严格区分罪与非罪，二要严格区分此罪和彼罪。

由于法官认知水平的差异等原因，过去有个别判决经不起法理检验，效果不好。如2008年“纸馅包子”案，被告人确有编造（捏造）虚假新闻节目的行为，但是节目里并没有说是哪一家企业，就是说在客观行为要件中没有特定对象，不能证明是损害了哪一家企业的商业信誉并对这家企业造成了损害，但是法院还是以损害整个行业声誉为由判决构成损害商誉罪。这个明显违背刑法有关条文的判决，在学术著作中成为一个反面的案例被多次评说。

你所说的《新闻法》，反映了业界相当普遍的一种对于新闻法的误解。新闻法不是一部法，而是指法律体系中所有适用于新闻活动的规定，包括宪法、民商法、行政法等各个法律部门中所有适用于新闻活动的法律文件的条款。它表现为跨越多个法律部门、具有多种法源的许多法律规范的集合体。在国际上，大家津津乐道的1766年瑞典和1881年法国的《新闻自由法》（the Law on the Freedom of the Press），翻译为报刊法或出版法应该更加贴切些。到了后印刷时代，许多国家陆续制定了《广播法》《通信法》《有线电视法》等等。而这些法也不能涵盖新闻活动的全部，比如言论自由或表达自由以及新闻自由等是宪法规定的。表达自由的前提必须能够自由获取信息，许多国家制定了“信息自由法”或“信息公开法”。新闻记者的人身、言论权利，由关于人权的法律保护。新闻传播中形成的作品的权利，由版权法保护。新闻传播内容的许多边界，如禁止诽谤、侵犯隐私、淫秽、危害国家安全、妨碍司法、种族歧视等等，是由其他各种民法、行政法、诉讼程序法、刑法部门的法律规定的。新闻业作为产业，还要遵守商法、税法、金融法等等的有关规定。新闻活动和新闻工作涉及社会活动的方方面面，要把这些方面的法律规定都集中为一个法典式文件，是不可能的。

我国已经基本形成社会主义法律体系。总的来说，我们新闻活动是有法可依的。我的《新闻传播法教程》，引用的法律就有30多部。比如刚才说的诽谤罪等，就在《教程》里有所讨论，这就是新闻法的组成部分。也可以从《教程》里看出存在的问题，如上位法和下位法之间、低位阶的同位法之间打架，公权力的自主空间过大和对公权力违法的制约手段不多等，有待于今后解决。

我还要说，立法固然重要，执法更加关键。当前主要问题不是无法可依，而是执法不严，公权力自己给自己开口子。“依法”成为很多部门、官员的口头禅，问他说的这句话做的这件事依的是什么法，是不是合法，他都回答不上来。这来源于中国的一个传统观念，就是认为法律只是政府管老百姓的，政府自己就是法。破除这个观念需要时间。中央提出“把权力关进制度笼子”，“让人民群众在每一个司法案件中都感受到公平正义”，指明了努力的目标。这个目标实现以后，我们新闻工作也会有一个好的法治环境。

张志安：《新闻法》未必能解决“职业共同体”的问题。一个良好的、具有广泛共识的“职业共同体”，至少需要三个层次：价值共识、专业共识和伦理共识。因此，需要靠多方面的力量，才能推动其形成和完善。这方面，我觉得整体比较悲观，前不久想发起一个《新闻采编伦理及自律规范公约》，发现困难重重，想要号召大部分媒体做到“编营分离”这个防火墙的基本原则都不现实。

媒体人：需重构自我适应未来泛媒化趋势

张桂萍：我们为何做新闻？无论中外，传媒人的理想都是达到“专业高度”和“精神高度”。但有人认为，现在传统媒体人收入不算特别高，在不少单位自己还缺少“人文关怀”，却承担着“社会责任”和对这个社会的“人文关怀”，根据“能量守恒”定律，如获得的与支出的不成比例，以上两个“高度”便难以持续。对此，您怎么看？

范以锦：媒体人常说“房价在涨，工资多年不涨”。如今，面对各种压力，跳槽的不少，不断为新媒体和别的机构输送人才。人是需要一点精神的，理想会激发媒体人执着做新闻的热情。另一方面，每个人都面临养家糊口的问题，这也是现实的问题。如果两个高度不成比例时，部分人会动摇原有的志向和追求。还有一类人，在艰苦的环境中，也依然执着坚守。即便这样，也不能突破生存的底线。一旦觉得难以为继了，也会放弃。因此，媒体管理者和经营者不能只考虑导向的问题，要把媒体办活、把经营做好，让员工活得有尊严，才能留住人才。

张志安：我们为何做新闻？对个体来说，主要是出于对这个职业及其生活方式的热爱，如中山大学传播与设计学院院长胡舒立所说的“有人花钱满足你的好奇心”；对机构和社会而言，转型期的中国社会，特别需要媒体来揭示真相、监督权力和启蒙大众。

郭全中：投入产出不成比例是在当前的传媒业大转型的时代大背景下发生的。十年前，当新媒体尚未对传统媒体造成根本性冲击时，传统传媒业的收入还是相对较高的，而现在新媒体的骨干人才收入依然相对较高，因此，并不能片面地说投入与产出不成正比，关键是场域变了，新媒体是朝阳产业，而传统媒体是夕阳产业。根据历史经验，朝阳产业和夕阳产业的投入与产出不成正比是极其正常的事情。

魏永征：这是从来如此的现象，叫作“干一行怨一行”，教师、医生、律师、工程师、小公务员，等等，谁不这样说？我们都埋怨看病难、看病贵，最近看到一位医院院长在网上发的帖子说，病家只会指责我们服务不好，你们知道我们多么苦吗？我们不能按时吃饭，没有节假日，无法照顾教育孩子，看好病是应该的，看不好就套上医疗事故一顶大帽子。说治疗医药费贵，到了我们腰包里吗？我们收入多少，你们知道吗？你们去问问哪一位医生，愿意自己的孩子还当医生？可见这是职业的普遍现象。一是说说的，其实心里还是热爱自己专业的，谁不想改善一下自己呢？二是真的不想干了，那当然可以跳槽嘛。

张桂萍：最近十年来传媒前景一直被唱衰，最近一两年更是传出媒体亏损、读者群萎缩、从业者职场前景堪忧等一系列问题，从业者的新闻理想既遭遇体制的困境，也面临市场的选择，不少记者开始动摇、彷徨并怀疑当初的选择。您认为传媒的未来在哪里？传媒人怎么样做才能“重构”自我？

张志安：其实，不必对传媒业的未来太过悲观。一则，中国的媒介体制“国情”跟西方有所不同；二则，无论介质如何变迁，人们对高质量深度信息的需求不会改变。传统媒体会衰落和转型，但传媒业不会衰落和消失。传媒人“重构”自我的关键，在于告别对行政体制的过度依赖，真正按照市场需求和专业原则来提供有价值的新闻、信息、产品和服务。

郭全中：在传媒业和通信业、IT业高速融合成“信息服务业”的大背景下，必须跳出传媒看传媒才能真正找到传媒业的未来，也就是说，必须从“信息服务”的角度来提供个性化、定制化的信息，这就要求传媒从业者转变观念，遵循互联网规律，提供用户和市场需求的信息。

张桂萍：目前比较火的自媒体人罗振宇也是资深传媒人，他认为互联网必然会给媒体业带来根本性的冲击。一是因为传播介质的互联网化，受众人群和信息消费模式的碎片化，传统大众传播将越来越难以奏效；二是未来的传媒将不再以信息为核心，而代之以人格，所以他提出传媒人的“魅力人格体”概念，认为这才是未来最关键的传播节点。对此，您怎么看？

范以锦：这过分夸大人格魅力了吧！传播节点是受多种因素影响的，而且不同时期有不同的情况。

张志安：我觉得，他说的有一定道理，但肯定无法涵盖全部的传媒。对“自媒体”来说，独特的观点、角度和意见，独特的人格魅力和写作风格，对其是否成功的确具有关键作用。对于机构媒体来说，“魅力人格”的重要性不如“机构文化”，整体从业者提供产品的专业性更加重要。

郭全中：互联网确实从根本上对传统媒体造成冲击，未来用户的需求将是个性化、定制化的，这就需要真正实现信息智能匹配，而在新的信息服务秩序建立之前，“魅力人格体”能够起到一定的甄别作用，但是到信息服务秩序建立之后，在整个信息服务的价值链条中，数据挖掘平台将是真正的核心。

张桂萍：罗振宇认为未来媒体行业不会解体，反而认为媒体在未来会越来越重要，因为“一切产业皆传媒”——未来每个行业都需要媒体。他认为未来媒体的组织样式（比如报纸、电视台等）会解体，但“有一定信仰”和“有一定的魅力人格体”的媒体人却会变得越来越重要。对此，您怎么看？您认为未来媒体行业会解体吗？

范以锦：媒体行业肯定还存在，问题在于以什么样的媒体形态呈现。

张志安：我认为，未来媒体行业不会解体，但组织形态、管理机制、盈利模式必然会有所变革和创新。未来的报业生产将不再是劳动密集型的产业，而必须转变成轻巧、灵活、小规模生产的组织形态。以新成立的上海报业集团为例，在集团内部大胆探索公司化的股权改革机制、小企业的创业孵化机制，未来可能形成“一个集团、三个报系、若干公司”的组织结构。上海报业集团如果能在体制机制上有所探索和创新，则会对中国报业集团的未来发展提供更深刻的启示和做出更大的贡献。

郭全中： 未来泛媒化的趋势越来越明显，媒体业和其他产业的界线将越来越模糊，传媒业因涅槃而新生。

受访者简介

范以锦　曾任南方日报社社长、总编辑，南方报业传媒集团董事长。现为暨南大学新闻与传播学院院长、教授、博士生导师。

魏永征　知名新闻法学家。上海社会科学院原新闻研究所研究员、教授，1987—1998年任《新闻记者》杂志社法人代表，2001—2010年任香港树仁大学教授，2003年起任中国传媒大学传媒法和政策专业博士生导师，2010年起任汕头大学长江新闻学院教授。主要著作有：《被告席上的记者——新闻侵权论》、《中国新闻传播法纲要》、《新闻传播法教程》（教育部评定为精品教材）等。

张志安　中山大学传播与设计学院院长、博士生导师、新闻学系系主任，中山大学全媒体研究院副院长。国家互联网信息办公室（网研中心）特约研究员，英国埃克赛特大学、香港中文大学、香港城市大学、台湾政治大学访问学者。我国首部政府编写的《全国记者培训教材2013》“新闻采编规范”一章作者。

郭全中　资深传媒人，中国新闻出版传媒集团公司原董秘，南方报业传媒集团原战略运营部副主任，管理学博士。

第三章

传统媒体需放下身段做“人”的文章

从2013年开始，整个中国传媒行业都开始面临整体“不平静”的局面。

一方面，传媒产业“重大消息”不断：中国报业广告实收额继续延续着2012年15%—20%的下降速度，持续多年“独执牛耳”的广告霸主中央电视台可能第一次被百度广告收入追平或超越；2013年初，新闻出版总署和国家广电总局合并为国家新闻出版广电总局，从国家管理层面实现了“条”的整合，顺应了传媒业融合的大趋势，力图促进报业和广电业的相互进入和融合；年终岁末，上海《新闻晚报》宣布2014年1月1日正式休刊，成为上海报业集团成立后首张休刊的报纸，引起全行业震动；而同一集团的《东方早报》同日则用整个封面刊出“中国上海互联网行动正在招募”的启事，宣布就自家启动的新媒体项目招聘移动互联网产品经理等“各种优秀人才”；中国经营报社总编辑李佩钰对外宣称要进行“颠覆性转型”——中国经营报2014年起将不再设置传统官媒的社委会和广告部门，取而代之的是像互联网公司一样的形形色色的项目团队……

另一方面，传媒环境的公信力以及媒体人的群体形象，遭受到总体的社会危机，从北青报IT专刊主编熊熊涉嫌受贿被抓事件等，到政府整治网络谣传、清理整顿微博大V等，不少资深传媒精英纷纷离职，行业人心摇动。

新闻价值观，是理想还是生意？还能坚守下去吗？

传媒转型如何“试错”？有哪些“转型路径”可以参考？

震荡、滑坡、读者和观众流失……在全行业面临体制和市场困境时，传统传媒产业如何适应技术驱动进行商业模式重构?

…………

就这些中国传统媒体行业普遍关心的问题，我独家专访了范以锦、曹轲、陈君聪、陈国权、朱剑飞和谭天等六位传媒业界专家和学者，在回顾和梳理过去传媒产业动态发展变化的基础上，共同探讨在此转型的关键时刻，包括纸媒和广电在内的传统媒体，应依循什么样的转型路径和转型方向，才有可能成功再造新的传媒商业格局。

面对体制和市场困境："传媒行业和传媒人应该放下身段"

张桂萍：从2013年开始，传媒行业可谓"多事之秋"，先后发生《新快报》陈永洲事件、北青报IT专刊主编熊熊涉嫌受贿被抓事件等，政府部门清理整顿网络舆论环境，一些大V被整治……整个传媒环境的公信力以及媒体人的群体形象，都面临着一次总体的社会危机。对此，您怎么看?有什么建设性建议?

范以锦：这类比较严重的问题，原本就是个案，是发生在极少数媒体人身上的问题。现在已上升到对整个行业的披黑和质疑。我认为，从总体来说，绝大多数媒体人有骨气、正气和敬业精神，道德水准处在全社会的中上水平，比很多行业好。为什么媒体又会成为"问题焦点"呢?其一，过去问题没有那么突出，自己与自己比道德水平应该是滑坡了。二是几件事集中在一起，关注度就高了。三是社会对我们有很高的期待。谁叫我们是媒体人呢!是媒体人就要有媒体人的样子。我们媒体人是什么样子?社会赋予我们媒体人很多职责：我们是无冕之王；我们是党和人民的喉舌；我们是社会公器；我们是社会瞭望者、公共利益的守望人；我们还是人类灵魂的工程师。正因为我们行使着神圣的使命，正因为社会方方面面期待我们的职责与称号要相匹配，所以一旦媒体发生严重的不道德甚至违法犯罪行为，社会舆论哗然，也是必然的。

曹轲：一方面，下行的危机是整个行业的危机。一位中央级媒体的同行很认真地说，每个行业的地位都在下降，看看官员、看看医生、看看教授，哪个角色不挨骂，哪个职业没压力?社会转型势不可逆，多元评价无人幸免。换个角度观察，在舆论空间调适和公共空间扩展的意义上，传媒行业为什么就不能被褒贬被追问，为什么就不能降降身价、放低身段？每一个行业都有乱象，同样，每一个行业都应当平等，没有哪个行业可以高人一等，唯我独尊。另一方面，行业的危机不能成为新闻从业者突破底线为所欲为的理由，空间的压缩不能成为甘拜下风随波逐流的借口。越是这个时候，越是考验每个从业者个人的坚守和坚韧，越是需要信心和耐心。

谭天：有道是“社会生病，媒体吃药”。您说的这些媒体事件不仅仅发生在中国，在国外也存在。撇开政治环境和体制因素，我更愿意从传媒经济学视角来看这个问题，在互联网和新媒体的挤压下，传统媒体单向的传播方式和单一的盈利模式出现了坍塌，归结到一点就是投入大、产出少。传统媒体因此已经很难保有它的专业品质和优秀人才，即使是报业大亨默多克也不得不使出一些“非常”手段——通过窃听来维系他的竞争力。传媒制度如果不能创新变革和产业转型，那么，一切具体的建议都是没用的。我说的转型不是指业务层面的，而是传媒产业层面的，包括产业结构、媒体业态以及商业模式的改变。

张桂萍：有偿新闻日益成为社会舆论关注的热点，2012年底《纽约时报》在一篇题为《中国媒体有偿报道乱象》的报道中称，腐败已渐成中国媒体的一种存在方式，几十年下来，有偿新闻不但不见遏制，反而不断蔓延，进而衍生出许多新的变种。一方面媒介寻租泛滥，另一方面不少媒体从业者对媒介产品质量并不关心，这种局面令传统媒体生存雪上加霜。您认为在现有格局下，从体制、市场竞争和法制约束的角度，能对有偿新闻进行管理甚至根治吗？

范以锦：媒体发生的问题不是孤立的，与社会生态环境有关。官场存在权钱交易的问题，也会影响到媒体。媒体人有采访权、版面权，受到不良风气的影响，也就会出现有偿新闻或者有偿不闻。这个问题要治理好，一是全社会都要做好净化工作，减少污染；二是给媒体创造良好的生存环境，活得体面、有尊严；三是媒体管理部门和媒体要建立良好的约束机制；四是对媒体人的新闻理想和专业主义精神的教育和引导也很重要。有强烈新闻理想追求和坚守专业主义精神的人，都不会受各种不正当利益的诱惑。我们媒体人经常会说，现在工作和生活压力很大，这也是事实，但这不应成为道德失守的理由。有偿新闻的问题不只是发生在媒体人身上，有的是媒体单位的机构行为。传统媒体面对各种传播形态的兴起，经营会变得越来越艰难。在这样的背景下，媒体单位的有偿新闻或变相的有偿新闻有可能会愈加突出。这不只是道德层面的问题，而且对媒体的内容品质也会造成极大的伤害，这无异于慢性自杀。媒体面对困境的转型不能走邪门歪道，而应在创新中寻求新的突破。

曹轲：应当根治，但眼下治标难治本更难。要根治就得从根源上找到症结所在。竞争激烈的市场环境，并不意味着媒体产品的品质必然低劣，成熟的市场更有利于优胜劣汰，有利于职业规范和专业化运营。举例来说，广东媒体的发达和造就的全国性影响力，有赖于改革开放三十多年来市场的日益成熟，依靠的是专业能力和高品质的新闻产品。而问题的根源之一就在于，媒体市场并不完全成熟，甚至不可能完整存在，有偿新闻、有偿不闻，成了时隐时现的老毛病、慢性病。一碰上生存环境有所恶化，有些家底薄而定力不够的媒体和媒体人就可能自乱阵脚，底线就会失守，品质就难保证。这一点，当下的媒体人都应当时刻警醒和努力维护，职业的尊严不是别人赐舍的，也不是自己封的。

张桂萍：2013年底又开启新一轮的新闻工作者培训和记者证发放，过去传播新闻有两个准入门槛：一是给从业者发放记者证，让其有新闻采播权；二是给媒体发放从业资质牌照——原来通过这两个门槛的把持，政府就可以有效地管理信息内容和方向的传播，但是现在随着互联网技术裂变和新媒体的大量出现，目前中国的信息传播可以说基本处于一种“分裂”状态：政府给传统媒体人发放记者证，不给网络媒体发放记者证，但从2012年开始，包括法院、统计、纪委等部门却把一些最重要的新闻信息交给社会化媒体发布，如薄熙来公审案在新浪微博直播；“嫦娥三号”探测器发射升空，国新办安排五位互联网大佬（腾讯、搜狐、优酷、360、小米）现身“嫦娥三号”发射场共同见证中国的自主创新……这些稀缺而重大的新闻事件反而没有交给政府最值得倚赖的权威传统媒体——因为政府部门近年也意识到：什么是“第一时间发布”？什么是“有效传播”？在这样的局面下，您认为传统媒体应该如何应对？

范以锦： 传统媒体要打通两个舆论场，比如人民日报办的人民网和人民日报官方微博影响力就很大，产品的内容品质做出来了。如果没有良好的品质，也就很难获得受众的认可。传统媒体的继续坚守与介入新媒体的转型，都需要创新的勇气、智慧。现在比较困惑的是市场模式、盈利模式等问题，这要有新的思路。如果找不到出路，老烧钱也很难坚守。

谭天： 这是一个传播赋权的问题。传统传媒善于做新闻，却不擅长做传播。在传统媒体时代，政府控制了传播的信源和渠道，掌控了传播的主导权。当互联网出现之后，政府主导一切的局面被打破，政府、资本、公众三方博弈的格局形成了。宪法赋予传播权利，技术赋予传播权力。复旦大学著名新闻学教授李良荣认为："当公民拥有传播权利的时候，就彻底颠覆了原先的传播格局，而传播格局的改变又改变政治权力的运行，重塑社会结构，重塑商业模式。"我在参加2013年中国新闻奖评奖的时候，参与讨论了增设新媒体新闻奖项的事情，有人提出新媒体没有采访权，如何做新闻，又如何参评？事实上技术、公众早已给新媒体赋以传播权了，如今政府也赋权了，谁好用谁的，符合政府采购原则。至于采访权，对于新媒体来说其实并不是那么重要，有人打了一个比方：给新媒体发采访许可证如同给刘翔发游泳比赛资格证。新媒体是指基于互联网的媒介平台，它主要是做集成和推送的，内容生产由传统媒体和用户做好了。"嫦娥三号"探测器发射升空的影像采撷其实很简单，让腾讯在现场装摄像头就可以在第一时间传播到每一个用户的手机终端。这比传统媒体便捷多了，就信息传播而言，传统媒体已经没有优势，它的优势只能在观点传播和新闻解读上。因此，就当下而言，传统媒体的应对之策，一是加强评论和深度报道，二是加强与新媒体的对接。

曹轲： 行业的准入门槛和从业的专业资质，应当有所要求，这是好事情。它意味着，承认这是一个专业的行业，需要专业的能力、专业的运营。同样，政府部门把重大新闻通过各种新媒体手段及时发布，也是好事情。这说明，政府治理能力的现代化水平在提高，执政理念在响应民众的需求与时俱进。虽然我个人有很深的报人情结，但也不希望重大消息迟迟不发或者非要等到第二天看报纸才知道只言片语，更不希望网上传言不断而传统媒体失声失语。悲催的是，传统媒体的专业生产能力无法发挥，专业传播渠道无法发挥，跟在网络和手机媒体后面拣东西，本来的优势变成了劣势，本来的长处变成了短板，对不起花钱买报的读者，对不起守在电视机前的观众。如何应对？当然是要说话，要发声，要和所有的传播渠道一样，恪尽职守，提供应有的专业服务。传统媒体不是没有市场的问题，而是如何满足现有读者和客户市场，如何发现和创造新的市场的问题。即便再难，媒体价值还在，细分市场还在，生存空间就还在。

张桂萍：一方面，技术驱动对整个传媒的影响仍在持续，这个主动权根本就不在传统媒体人手中；另一方面，传统媒体从业人员是一个庞大的群体。2012年全国仅报纸就有1918种，从业者达数十万之众，比如新成立的上海报业集团员工规模超过4000人，光处级就有400多人；此外，传统媒体在与新媒体的竞争中已经暴露出在市场经营、资本运作、人才储备等方面的不足。随着传统媒体市场危机加剧，您对传媒人的出路有什么建议和良方？对媒体管理者有什么样的建议？

范以锦：中国的报纸太多，在自身的竞争和新媒体的挑战中，垮掉一批报纸是正常现象。纸媒如果还是完全延续过去单纯靠广告的盈利模式，已经很难走得通了。国家也倡导跨媒体、跨行业、跨区域发展，纸媒要开展多元经营，不断拓展新的经营平台，人员也可往这里分流。但不管怎样，开展多元经营，报纸自身的品牌价值的打造是非常重要的，它起到支撑的作用。

陈君聪：三十年来，我主要的工作经验来自广电媒体，所以这一次我想主要谈谈我对于广电媒体特别是深圳广电转型发展的体会和思考。

我认为，对于我国传统媒体而言，在市场经营、资本运作以及人才储备等方面存在的不足只是表象，关键的症结实际在于传统媒体在长期的垄断经营中，没有有效建立适应新环境、新形势和新要求的现代媒体运行机制和现代企业管理制度。因此，体制机制的改革和创新才是根本出路。

近十年来，深圳广电集团一直在探索向现代传媒集团转型，比如建立扁平化的管理体制和企业化管理制度、推进公司化、独立制片人制等多项运行机制改革，特别是在2012年以来，深圳广电集团继续深化独立制片人制、主持人中心制、节目创新创优机制等改革举措，全面引入劳动生产率等量化指标，建立更有效的考核评估体系；不断加大干部轮岗交流、竞争性选拔干部工作力度和领军人才引进力度，完善选人用人机制，打造更优秀的传媒人才队伍。

曹轲：技术驱动是变革的重要动力，也是行业提升的重要契机，但不能因此忽视和否定人的价值以及智力和专业能力的价值。依个人之见，传统媒体里最有价值的，不是印刷机和纸张，不是摄像机和发射塔，而是专业的人。而现在的问题，也不是人多了还是少了的问题，而是如何适应互联网环境和新技术条件，发挥出人的价值，进而形成媒体新价值，开拓生存新空间。传媒的出路和传媒人的出路，就在自己脚下，就在自己手中。作为一名管理者，需要改革的新思维，需要互联网思维，不能坐以待毙，不能故步自封，不能叶公好龙，不能抱怨外部环境，更不能抱怨自己的员工。说得刻薄点，“熊一窝”的原因，肯定是因为“熊一个”；说得乐观点，“成一个”的原因，肯定是因为“成一群”。

传统媒体生存和转型路径：“可以借鉴麦当劳式的主副业互为犄角盈利模式”

张桂萍：传统媒体衰落是一个全球普遍现象，有人预测，再过3—5年，美国纸媒的雇员规模和社会影响力将缩减到顶峰期的三分之一左右；中国传统媒体衰落的步伐虽然落后美国5—7年，但衰落轨迹应该与美国差不多，从2012年到2013年，中国纸媒下滑趋势明显，未来还在加剧。随着4G的推出，中国电视行业也将步纸媒后尘走入下行轨道。转型，是中国传统媒体唯一出路。但向什么方向转型？具体走什么样的转型之路？转型所需资本怎么样解决？人员怎么解决？……这些问题目前远未达成共识，从浙报集团、上海报业集团到南方报业传媒集团……从购买游戏公司、做文化地产到全媒体转型……大家百花其放、各出其谋，但目前仍没有出现一种可被业界拷贝的模式。您认为，传统媒体的转型究竟应该是什么样的？有什么样的转型指标和考核标准才叫转型成功？

范以锦：转型有多种说法，从大的方面来说，改革开放开始经历了市场化转型和互联网时代的转型。第一次转型尚未结束，但已取得许多宝贵的经验，比如广东的报业就是在往市场化转型中发展起来的。第二次转型很艰难，对纸媒来说目前还没有十分成功的经验可以借鉴。难题主要有两个：一是纸媒原有的靠广告维持生存发展的模式已很难坚守了，因为各种形态的传播分薄了传统媒体的广告，你看百度竞价排名的广告上升得多快；二是往数字化、全媒体转，依然延续传统媒体的运营模式。现在不是发不发展的问题，首先是生存的问题。要改变传统媒体原来的盈利模式，也要从传统媒体的实际出发去探索介入新媒体的市场模式、盈利模式。

谭天：我觉得传统媒体转型至少包括四个方面：一是传播思维转变，它决定转型的决策和管理；二是产业结构转变，它决定转型的路径与方向；三是商业模式转变，它决定转型的生存与发展；四是传媒制度转变，它决定转型的动力与环境。转型是八仙过海，各显神通，没有统一的转型指标和考核标准。但转型能否成功有两个基本判断：一是能否构建或对接媒介平台，说白了就是如何实现有效的传播；二是能否找到成功的商业模式，就是能否生存下来得以发展。

我认为，目前所谓的“全媒体战略”都无法实现真正的转型，因为它只是在业务层面的拓展，而非产业层面的转型。其实“全媒体”还是一个传统媒体时代的概念，为什么国外没有这个概念呢？因为国外任何一家传媒都可以经营任何一种媒体，本身就“全”也就无所谓“全媒体”。但在我国，传统媒体则有行业壁垒：报纸不能申请电视频道，电视也没有报纸刊号；电信业没有视听内容牌照，广电业也没有电信运营牌照。虽然应对新媒体实行双向进入的“三网融合”和跨媒体经营，但由于体制的原因，我国媒体整体在经营思想上还没有根本转变。

曹轲：同意您的判断，转型是传统媒体的唯一出路，转型之路充满不确定性和许多未知的挑战。种种尝试的努力都弥足珍贵，包括试错的努力都值得尊敬。这些年来，国际国内同行的努力，最大的成效在于有了某些共识、某些感觉、某些方向感，最起码有了新的沟通基础，“语法上”是通了的。说到南方报业，旗下媒体充满活力，转型探索动作不断，积累和培养出一支全媒体的人才队伍，尤其难得。举个全媒体生产能力的例子，南方都市报的音视频制作部门，现在已具备每天30分钟以上的原创视频新闻生产能力，可惜没有一个电视新闻频道来承载。

特别认同南方报业传媒集团掌门人莫高义最新提出来的战略思路，16个字：“深耕主业，多元开拓，加快转型，融合发展”。转型成功的标志，绝不是办起一个有盈利的网站，更不是变成一个互联网公司，那叫改行。推动全媒体转型，也不是大而全、小而全的全，而是要有几个靠谱的项目带动，依托自己的现有资源和人力优势，积极突破，大胆突进，奋力突起。

目前比较可行的评价指标，虚一点的，可以用全媒体影响力综合评价体系来评估，实一点的，可以用营收构成中的比重来考量。比如一个报业集团，来自报业广告发行收入之外的新媒体业务收入占到一半以上，大致可以认为转型初步成功。

陈国权：关于您提到这几个问题，我想从三个方面来谈谈我的看法。

1. 报业转型的诉求是什么

报业急迫转型的主要原因：一是收入利润水平的下降；二是社会影响力的逐渐减弱，这其中也包括舆论影响力。前者是报业生存的基础，后者是报业的职责和使命所在。报业转型的主要目的就是提高这两项的水平。

当前社会思潮日益多元多样多变，利益格局面临深刻调整，社会特别需要媒体形成主流舆论和主流价值观。报业有基础有条件成为这样的媒体单位。报业存在的唯一理由，是党委政府舆论宣传和人民群众对信息的需求。在碎片化阅读、各类新媒体形态层出不穷的今天，对真实权威深度信息的专业收集、传播和有影响力的舆论引导反而成了社会最缺乏最需要的“稀缺资源”——满足这种“稀缺性”，也许正是中国报业在当今市场中的核心竞争力和赖以生存的基础。

当前报业转型的主要误区是片面地以壮大经济实力为目的，而忽视了作为党的新闻单位巩固舆论阵地的职责，比如积极介入房地产、物业、旅游、投资银行等等，却忽略甚至放弃坚守自己擅长的舆论阵地，我认为这并不是一个好的转型方向。

当然，我们坚守报业转型的最终诉求不是排斥报业运作其他产业，更不排斥壮大报业集团经济实力。报业兼具意识形态属性和扩大再生产需求的商品属性。这两个基本属性不可偏废。经济实力不强就无法投入足够成本做出舆论的影响力，报纸、节目没人看，微博没有粉丝，巩固舆论阵地也就无从谈起。

经济实力、影响力、舆论力这三者构成了报业转型的三个主要因素。报业转型的最终目的，就是使这三者形成良性循环：利用各种方式，在法律框架之内壮大报业集团的经济实力，提高影响力和品牌认知度，才能提高舆论引导能力，坚守舆论阵地。

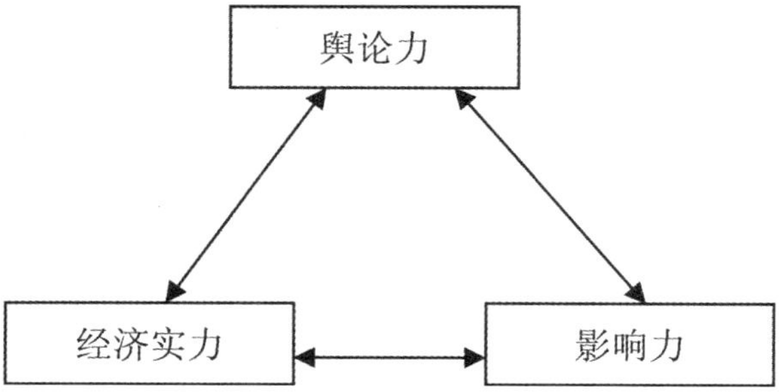

2. *影响力单元和盈利单元*

在这样的理念下，就应该区分报业转型的影响力单元和盈利单元。一个传媒集团有很多的单元，每一个单元在传媒集团中的位置不同，所起的作用也不同。我认为从目前情况来看，有些单元是不可能短期内实现盈利的，比如微博、微信公众号，它们的主要作用是提高整个集团的影响力和品牌价值，或者为其他单元的影响力服务；而有些单元则是可以实现盈利的，比如报纸、网站、游戏平台、房地产、物业、财务投资。因此，在报业转型的设计中，就不一定需要每个单元都有经济指标的要求，只要每个单元能够形成合力，构建的整个集团能有经济指标要求就能够保证整个集团的运行。

比如，曾经被炒得火热的“全媒体”概念，全媒体的主要特征是一个报社拥有多种媒介形态，报纸、电子版、新闻网站、手机报、微博、微信、移动客户端等等，在集团内部构建“全媒体中心”，实现一个内容、多个出口，也就是“一鱼多吃”的局面。但是在实际运作中，全媒体的效果并不是很好，除了报纸、手机报少数几个形态，其他的大部分媒介形态都是赔本赚吆喝，而且全媒体也带来了同质化、贪大求全、对竞争力消解等诸多问题。但是，全媒体却很受两个方面的欢迎——

一是当地党委政府。当地党委政府的工作、动态以及一些需要媒体大力宣传的主题，在一家报业集团中用多种媒介形态进行全面宣传，多种媒介形式齐头并进，统一传播，效果不言而喻。更有一些喜欢被传播的党政官员，喜欢看到各种媒介形态上都有他的身影、他的声音。全媒体正是投其所好。

二是广告客户。广告客户希望最大产出比，最好一份广告的钱能做好几次广告。全媒体能实现客户的这个诉求，广告客户只投报纸版面广告的钱，电子版、新闻网站、手机报、微博、微信、移动客户端等的广告作为附带赠送品。客户会认为物超所值。

从这两个对报社至关重要的方面来看，全媒体的价值更多地体现在非盈利单元，也就是影响力单元上，然后通过影响力单元对盈利单元的价值实现加强与提升。报业的其他模式也是如此，也都需要影响力单元与盈利单元共同作用，助推报业影响力与盈利能力的共同提升。

因此，在报业转型实际操作中，既要避免那种"唯利是图"的都以是否盈利为追求的所有举措，也要避免那种完全不考虑效益，为"面子"铺"摊子"的倾向。

更为重要的是，要对某些项目不可能带来经济效益有清醒认识，不是所有的转型举措都应该是有直接盈利的。有些转型措施，虽然不能够带来直接的经济效益，但是其带来的影响力，对报业品牌的塑造，对盈利单元的助推等，是报业发展很重要的资源和要素。

对于党报或者民族报纸这类带有鲜明公益色彩的报纸来说，更要发挥影响力单元的作用。比如，吉林朝鲜文报社三年三获中国新闻奖，在国际传播领域，其网站做得特别成功，作为国内乃至东北亚权威、有影响力的朝鲜文网站，在目前国内20多个朝鲜语新闻网站中，朝文网站日访问量最高，日点击量达50万人次。中国吉林网朝鲜文版对外宣传覆盖面不断扩大，吉林省内、省外、国外受众各占约三分之一。读者遍布国内10多个省市和朝鲜、韩国、美国、荷兰等10多个国家和地区。网站海外流量中的相当一部分来自关心中国和吉林的海外朝鲜族人。来华投资、工作、学习、生活的韩国人更把中国吉林网朝鲜文版视为其了解吉林、了解中国的最重要的窗口之一。韩联社等韩国众多媒体经常转载或编发朝文网的报道——在特定的领域做出特别的影响力，也许，这也是一种传统媒体的转型方向之一。

3. 未来的报业集团猜想

报业的影响力单元和盈利单元没有明确的分野，在特定的时期，影响力单元和盈利单元还能互相转化。在未来，报业的报纸甚至会完全成为影响力单元，一点都不需要盈利。

麦当劳的主营业务是什么？几乎所有人头脑中跳出来的第一个东西就是——汉堡、鸡翅、薯条、鸡块。麦当劳当然就是靠这些盈利的。

但事实上，这些都不怎么赚钱。麦当劳一个汉堡大概卖11—12块钱，为了保证最佳的口感，汉堡用的牛肉、面包材质以及炸面包的油都要好，而且炸好10分钟过后，如果卖不掉，就要被扔掉；再加上房租、人员费用、推广费用等，成本并不低，所以麦当劳卖汉堡包不一定都赚钱。

但是，卖快餐的麦当劳却是个房地产公司。麦当劳的主要利润来自房地产。麦当劳有专业的选址能力，麦当劳看中的地段房价都会涨。麦当劳品牌会带动一个商圈，麦当劳并不是被动地等待房产升值，而是依靠自己专业的选址能力和品牌运营能力，积极主动、长期地拉动房地产价格的增长。

麦当劳和原来的土地拥有者签署20年到30年的长期租约，甚至是自己买断整个土地来建造房屋，然后自己长期持有或者转租给它的加盟商，通过这样去获取房地产升值的利润。如果我们去看麦当劳的财务报表，会发现它的主要资产就是房产。麦当劳1/3的收入来自直营，2/3的收入来自加盟。在加盟里面，收取的主要收入就是房产增值的收入。从这个角度来讲，麦当劳的外在提供的产品，是一个以汉堡为主的快餐企业，但它本质的、核心的盈利来源却是房地产。

这种思路，也许未来的报业集团可以借鉴：并不仅仅以传媒作为盈利支柱，传媒变成成本中心，而盈利中心则是其他以传媒作为支撑的产业，比如培训、信息、房地产等。北京有个传媒单位叫作北京界上传媒有限公司，其公司主营业务并不是媒体，而是会展业务。旗下有《中国航务周刊》杂志、《物流时代》杂志、《中国会展》杂志、《中国会议》杂志、中国航贸网、中国会展在线网站六家媒体，同时运作中国国际物流节、中国国际会展文化节、中国国际航运文化节等三大品牌节庆活动，在业内具有极大的影响力。传媒集团的传媒产品主要是为旗下会展业务提供服务支持的，居于辅助地位——这种“声东击西”式的转型思路未尝不是未来报业集团的架构。当然，这种思路必然离不开“传媒的品牌效应”，管理者要紧紧记住媒体的品牌正是自己的核心资产，绝不要无谓地损耗它。

朱剑飞：“理想很丰满，现实很骨感。”传媒转型和媒介融合是有前提条件的，认为传统媒体办网站、报纸杂志在网上有了视频网页就是全媒体，这些都是概念混淆。党的十八届三中全会就明确指出，“继续推进国有经营性文化单位转企改制，加快公司制、股份制改造。对按规定转制的重要国有传媒企业探索实行特殊管理股制度”。在中国广电传媒领域，从广电集团化的消解到广电总台化的强调，表明已提升至中国第一传媒的广电媒体已经面临并必须破解“事业办公司抑或产业办（养）事业”的时代课题。所以，我认为，党的十八届三中全会后，“政府在市场经济中的地位和作用”将是传媒“二次改革”的聚焦点所在。

张桂萍：又是一年一度的媒体招聘季，这几天新华社重庆分社就在大量招聘手机报编辑。事实上，诸多纸媒投入大量资源去做网站和手机客户端的应用，或将纸媒内容复制到互联网上，很多传统媒体以为从原有传统平台（报纸、杂志、书籍、电视、电影、广播等等）转移到互联网平台就是新媒体转型了。新媒体的探索和定位及产品打造，迄今为止仍看不到清晰的模式，对此您怎么看？

范以锦：新媒体一般技术掌握容易，要真正弄通需要下很大功夫，要让市场模式和盈利模式更上一层楼是需要艰难的探索的。即便今天非常强大的腾讯公司，也经历了多少年的探索才有了后来的突破。现在传统媒体办的新媒体绝大部分还是由传统媒体人来办，依然按照传统媒体的运营思路来运作新媒体。要改变现状，需加大技术人才的引进，尤其是有技术理念的人才的引进。媒体办的新媒体如果能将新闻理念与技术理念融合在一起，成功的可能性就更大。

曹轲：对数字化和移动化的重视和应用是对的，平移和迁移也是一种理所当然的做法。问题主要在于，现在的做法还是把它当作原有媒体的功能延伸和辅助手段，与PC互联网时期做数字报的情形骨子里是相似的，走不远。现在一看到同行递补过来的名片写着新媒体部主任、总监之类，不用问就知道是报社的。这些新设置的部门在功能上就依附于报纸，附属于报社，哪个真正的新媒体机构会设一个所谓的新媒体部？记得前几年iPhone、iPad刚出来的时候，《南方周末》《南方都市报》是最早一批做出App应用的，在中文内容中排名很靠前，但腾讯、网易、搜狐的新闻客户端起来后，就马上显得跟不上趟了，按《南方周末》一位同事的话说，起了个大早，过了把瘾而已。为什么？投入跟不上，机制不配套。现在南方报业整个集团里有大小网站近30个，从事新媒体业务的人员超过600人，相关的营业收入加起来有两三亿元，但一大半都分散在各个报刊媒体，没法单独统计，也没有形成规模效应。集团领导已经下了决心进行业务和机制的融合，今年就会有一系列实质性的大动作，相信很快会有明显的收效。

谭天：把传统媒体的内容简单地放到互联网上为什么不能盈利呢？我认为主要的原因有二：一是传统媒体只是把新媒体当成一个新的传播技术或新的传播渠道，而没有真正接入互联网平台，更没有用互联网思维来实现新媒体运营和产业转型。目前新旧媒体的对接不像“阿里郎”那样产生化学反应，有传播能力的新浪微博与有盈利能力的阿里巴巴迅速改变新浪的盈亏状况。二是产品单一，难以响应平台用户的各种需求，尤其是纸媒几乎只生产一种产品——新闻，比如说在微信平台上，南方都市报微信只是满足用户对新闻的需求；而腾讯微信新闻是腾讯微信提供的社交、游戏、新闻、支付等诸多服务中的一种，腾讯无疑对用户的需求响应度更高，用户黏度更强，更容易形成盈利模式。同时，由于产品单一，力量单薄，传统媒体在与新媒体的对接与合作中议价能力低，往往处于弱势地位。

张桂萍：2012年底宣称不再出纸质版的美国《新闻周刊》，最近又宣布2014年1月或2月将重新出纸质版，回归传统纸媒市场。2013年12月3日《纽约时报》援引《新闻周刊》总编辑吉姆·尹波科报道称“重新回归的杂志可以看作是对在线注册用户的‘奖励’”——数字版仍是发展方向的“主流”，纸质版有成为一种“小众产品”、一种“奢侈品”的趋势。您认为传统纸媒的出路之一，是从原来动辄发行几十上百万份的“大众媒体”转身为特定人群服务的“小众媒体”吗？

范以锦：不再出纸质版的美国《新闻周刊》转做新媒体，做不成又转回来，这不奇怪。因为这几年的确有很多传统媒体盲目乱转，真正体验之后才发现做新媒体更艰难。纸媒的受众应会有两种：一种是给认定的特殊人群看；另一种是给文化、风俗比较趋同的特定社区的人群看。

曹轲：读者与用户是两个概念。大众媒体面对大众读者，这个市场在中国是依然存在的，公共生活扩大中的社会需要大众媒体。同时，细分和小众的市场，也需要相应的精准服务和个性化产品，但这还不是严格意义上的用户概念，读者也未必能想当然地转化成用户。用户需要的产品和服务，一定是订制式，而且是愿意为此付费的，尽管有些是间接支付的、转移支付的。这与花钱买份报纸是完全不同的体验。所以，转化的过程一定是系统性的，简单地从大众媒体转身为小众媒体，不可行。

陈国权：《新闻周刊》2012年底不再出纸质版是个完全错误的战略举动，当时停刊时有150万份的发行量，2014年复出之后，大约只有10万份的发行量。关键是影响力已经今非昔比。《新闻周刊》的影响力是建立在纸质版的基础上的，一旦内容转移到电子上之后，原有的影响力是不可能随之转移的。

在2013年1月1日《新闻周刊》停出纸质版之后，有很多人认为，数字化代表着纸质媒体的未来趋势。但我撰文认为，不应对《新闻周刊》只出电子刊过度解读。我认为，电子报代表不了纸媒发展的未来走势。《新闻周刊》由纸质版变成完全的电子报，我们不应从纸媒的未来发展趋势角度来解读，认为电子报是纸媒的未来，而应从一家媒体经营不善破产关张的角度进行解读。

《新闻周刊》已经惨淡经营很多年，早就濒临破产，现在终于关张了。至于它仍然要出刊，出电子刊，我认为这是对《新闻周刊》品牌的一种“收割战略”。当败局已定，最明智的选择就是水里捞盐，能捞多少是多少。

由于网络媒体冲击，加上经营不善，《新闻周刊》早在2007年至2009年就持续亏损。周刊近年来几度改版、裁员、整合缩编，但效果不佳，亏损依旧，美国华盛顿邮报公司无力回天，于2010年8月，以1美元的价格将其出售给音响大亨悉尼·哈曼。2010年6月，国内的南方报业传媒集团与成都博瑞传播都曾试图竞购《新闻周刊》，但后来由于种种原因，竞购努力未获成功。

也就是说，它仅仅是美国众多经营不善倒闭关张的众多企业的一个。其中，进行数字化，试图从数字化中获得转机，就是其经营不善的众多表现的其中之一，这么多年，其旗下数字报的订阅量也只达到了2.7万，虽然这种努力值得肯定。

至于全部改为电子刊，则是节约成本的最好方式。对于一个倒闭企业来说，收割战略的根本是成本降至最低，以获得尽可能多的最后利润。通过抛弃纸质版，预计《新闻周刊》将会节省数千万美元的印刷与发行成本。此外，老板布朗暗示将裁员270人，以节约成本。

在这一点上，《新闻周刊》与前几年停掉纸质版，专出电子报的《基督教科学箴言报》类似。《基督教科学箴言报》是教会报纸，拥有品牌资源与相对固定读者，有教会资金投入，最好的盈利方式就是成本减少。所以，停出纸质版是比较恰当的选择。

《新闻周刊》停出纸质，只出数字刊，节约成本，收割利润；但是，可以肯定的是，《新闻周刊》停出纸质版，只出数字报之后，影响力、规模、收入都将大幅下降。以此为据，说明纸媒的未来在于全出数字报，则是根本站不住脚的。

如果一定要我说《新闻周刊》只出“数字刊”说明了什么，我也只能说，它说明不了什么，既代表不了未来纸媒的努力方向，也代表不了未来纸媒的发展趋势。

而对于传统纸媒由原来的大众媒体转型为为特定人群服务的“小众媒体”的观点，则非常认同。现在很多媒体正在走分众化的道路，典型如都市报的综合类媒体，也都在朝着分众化的路子前进。区域的分众化，如《华西都市报》的“川南读本”；发行范围的分众化，如《社区晨报》的社区报模式；发行渠道的分众化，如地铁报面向地铁渠道发行。而且从市场反应来看，现在的行业报、专业报，如老年报、文摘报、农民报的日子明显要比都市报过得好一些。河北日报报业集团旗下的《糖烟酒周刊》2013年的利润已经超过了河北最大的都市报《燕赵都市报》。

张桂萍：2013年10月，解放日报报业集团与文汇新民联合报业集团合并成立上海报业集团，有人认为两报的合并标志着我国传统媒体的整合大幕正式开启，上海报业集团的改革和转型探索都有很强的示范效应。请问未来各地报业这种兼并整合是大趋势吗？“一城一报”能否提升传统媒体的竞争力和生存基础？

范以锦：兼并整合是大趋势，上海也会成功，但不能一哄而起，各地要从实际出发。上海尽管对媒体舆论管控比较严厉，但在支持媒体产业发展方面很重视。上海经济总量大，可用的资源多，既然市委书记亲自过问了两大报业的合并，相信在给媒体资源配置方面也会有一定的力度。如果能够将行政力量与市场导向相结合，成功的可能性就更大。其他地方得想好，有无上海这样的能力和条件。

陈国权：“一城一报”不是提升传统媒体竞争力和生存的基础，而是趋势和方向。

在上海两家党报集团刚刚宣布的2013年10月9日，我在人民网发表文章《上海两家报业集团合并后格局预判》时就认为：在新兴媒体冲击日趋猛烈，报业市场空间不断萎缩的背景下，同城报业集团的合并将是趋势，多少年来传说中的“一城一报”格局将在新媒体的冲击下成为现实，第二子报将首当其冲被裁撤。

在国内大部分的城市，同城一般都有两个以上的报业集团，省报集团与省会所在城市的报业集团，级别还不一样，比如成都、石家庄、武汉、南昌、福州、沈阳等等。上海、重庆、北京等直辖市的报业格局比较特殊和复杂，甚至有多家同城竞争。比如北京，就有北京日报报业集团、新京报社、北京青年报社、京华时报等市场化报纸同台竞技。

这种竞争格局是建立在报业曾经的强大盈利能力基础之上的，曾经的报纸广告部跟医院的挂号窗口一样，需要排队才能登上广告。在那样供小于求的情况下，足够的需求足以支撑多家报业集团同城同质竞争，而且都活得不错。但如今，报业集团的整体盈利能力在迅速衰减。2012年报纸广告收入下滑7.5%，2013年上半年报纸广告收入下滑6.1%，可以预计的是，这种下滑还将持续，报纸的好日子没有了。合并同类项，减少竞争主体，实现局部垄断，将是正确的市场抉择。不仅上海是这样，在全国其他城市，报业集团合并的现象还将持续发生。

市场空间萎缩背景下的合并带来的可预见结果就是子公司的减少。第二子报首当其冲，将成为裁撤的对象。

第二子报的诞生源自报业集团应对同城报业竞争。20世纪90年代中后期，都市报获得的巨大成功以及“暴利”前景，使新的都市报纷纷进入市场竞争中。为应对新的竞争者，一些报业集团开始以“护卫舰”或“防波堤”的目的成立了第二张都市报，定位基本雷同，以与对方阵营的主报进行竞争，也不得已地与己方阵营的主报进行竞争。长期以来，报业集团的第二子报都盈利较少。时至今日，报业之间面临共同的对手——新媒体，报纸与报纸之间的竞争已经退居二线了，报业竞争早就过了“攻城略地”的阶段，不需要开疆拓土。报纸也早已“非暴利”。在这样的形势下，第二子报盈利空间更是锐减，继续亏损苦苦支撑一个第二子报已经没有任何战略价值和意义。两家报业集团合并之后，几份第二子报更是没有多少存在的价值。以合并作为契机，裁撤或彻底改变定位将成为必然选择。

不仅仅是第二子报，即使是第一张都市报，也都面临市场的巨大压力。我曾在2013年2月《新闻记者》上撰文《哪类报纸最先消亡？》：都市报赖以为本的社会新闻、舆论监督、新闻策划等“看家本领”都被新兴媒体所替代，功能的替代是致命的。对都市报的需求迅速萎缩，市场需求的下滑，必然带来市场主体的减少。同城报业集团合并后，共存两张以上定位类似，价值雷同的都市报都无甚意义。党报，或许由于特殊需要能多份共存，都市报则只可能存在一张，多年前传说中的“一城一报”将成为现实，其他的都市报要么裁撤，要么就彻彻底底地改变。

2014年1月1日，上海报业集团旗下的《新闻晚报》已经确定要停刊。这为这篇文章加上了一个“预判准确”的注脚。

曹轲：多年来报刊业“只生不死”的状况需要改变，这里本身就有管理体制上的原因。解铃还需系铃人，行政性的兼并整合，或者说通过行政性的力量进行兼并整合，是一个突破性的举措。接下来，再通过市场和资本的力量进一步竞合，对报业和广电行业都是走出僵局的良策。尽管互联网时代报刊业的生存压力骤增，但兼并整合的形式可以多种多样，可以跨界，可以混业，不一定是简单地合并同类项。地理空间不等于言话空间，即便兼并整合成为大势，“一城一报”在现阶段也满足不了读者的不同需要，所以，一城一报还是一城三报、一报三城，并不是问题的关键。

上海的《新闻晚报》在2013年的最后一天关闭了，并不是市场起决定性作用的结果，它没有死于市场，也没有死于对手之手。这恐怕是报人最不甘心的地方。我甚至想，如果上海的心胸再大一点，手段更灵活一点，也可以用更市场的办法一决生死。南方报业在北京合办《新京报》、在云南合办《云南信息报》，走出了一条跨区域合作的成功之路。现在南方报业虽然退出了，《新京报》在北京也活得不错。如果上海对《新闻晚报》完全放手，让它在市场上真正一搏，如果它愿意引入南都这样的合作媒体，还不知道鹿死谁手呢。当然，这个只是假设。上海余下的报纸，也可以作如是想。

张桂萍：新成立的上海报业集团，以10—100元的收费标准，新近推出第一款收费型新媒体资讯产品“上海观察”。新媒体观察者魏武挥认为，“上海观察”的价值意义和商业逻辑都有待商榷，首先从第一期出版的情况来看内容价值过低，无法支撑用户付费模式。另外，他认为中国的媒体要效仿《纽约时报》的付费墙模式是条死路，因为中国用户还没有培养为内容买单的消费习惯。对此，您怎么评价？

陈国权：在网络上内容触手可及，没有专业的内容，没有人们的必读内容，没有在互联网上找不到的内容，怎可能实现收费。不是中国媒体不能实现付费墙，而是中国的综合性媒体不可能建立收费墙完成收费。

列举4种可以实现收费的电子版：一是专业的内容；二是满足边缘需求的内容，如写论文查资料，论文剽窃；三是长尾市场，不需要收多少钱，关键是成本低；四是信息的集纳平台，如中国知网、龙源期刊网。

曹轲：“上海观察”的效果值得观察，值得关注。从大的背景和趋势来说，消费者网上支付的习惯我认为已经形成，而且解决了小额支付的便捷，淘宝的电商业务突飞猛进，就是不争的事实。现在上网买一卷纸比上街买一张报纸还要方便。既然能在网上买别的东西，为什么就不能付费看一部电影、看一组资讯、看一组图片？关键的一点，是要重组内容产品和细化服务功能，而不是简单生硬武断地说，要么付费，要么免费。比如说，能不能把南方报业旗下媒体每天的社论评论做成一款单独的言论产品？比如说，能不能把每天的热点新闻热门话题由相关领域的专业记者进行点评分析，组合成独特的舆情产品……我认为，这些思路都值得探索。

张桂萍：《新闻晚报》2014年1月1日开始停刊，作为第一个适应市场主动退市的媒体，这件事引起广泛的关注和震动，有人推测从2014年起将有更多的步其后尘者，尤其是都市报和晚报媒体更危急；有人认为媒体管理者在停刊裁人前应提前布局，做好适应市场的资产重新配置和对从业者的安置工作，以免增加社会不稳定因素。对此，您怎么看？

范以锦：中国报刊太多，没有竞争力的报刊逐渐消失，同质化的也必然会在竞争、整合中退出。上海两大报业合并后，《新民晚报》与《新闻晚报》明显就是同质化的报纸。过去不同单位管，无法整合。现在合并了，集团管理者肯定不愿看到同集团内的同质化竞争现象。《新民晚报》创办时间早，社会影响力大，经济效益虽然不如以前好，但依然有较高的利润。《新闻晚报》经营则比较困难。按照"优胜劣汰"的法则，保《新民》舍《新晚》也顺理成章。

尽管如此，但在上海乃至整个报业界还是产生了震荡。原因是报业界员工思想准备不足，实施的办法也有争议。报业原来是一个阳光产业，曾蒸蒸日上，员工无后顾之忧。报纸一下停刊，虽然市场因素是很大因素，但从表面上来看，是行政力量起了很大作用。人员如何分流是个大问题。年轻的还有机会跳槽到其他报业或新媒体，年纪稍大一点或技术专长欠缺的，再就业难度就大了。进行人员分流时，是须周全考虑的。

现实媒体环境表明，类似《新闻晚报》这样停刊的报纸还会不断出现。媒体人要有风险意识，媒体单位也要健全相关的分流制度，防止分流纠纷的发生。

陈国权：我认为，首先，报业转型最应该考虑的是人的因素，必须解决员工和管理层的出路。报社是人力密集型企业，采编、发行、印务等都拥有人数众多的员工。报业转型必须考虑这些员工的出路问题，不能转型之后，员工却都下岗了。比如转型为房地产公司，或者转型为物业公司，或者变成一个投资公司，只需要很少的员工工作，甚至原来的员工根本无法适应这些新行业的工作。那么报社原有的那些员工怎么办？报业转型特别要避免那种一旦转型完成了，只需要5个人干活，其他500个人都解雇的局面。这样的转型是不成功的。报业转型是必须基于原有的行业、资源、团队、核心能力的转型。从这个角度上看，上海报业集团的转型就不是一个成功的转型案例。

其次，作为媒体管理者，要随时做好新兴媒体将替代大部分传统媒体功能的市场准备。具体来说，都市报原来赖以为本的社会新闻、舆论监督、新闻策划等"看家本领"将被新兴媒体所替代，各种数据也都在显示都市报的市场份额正在剧烈地下滑。当然，关于"报纸是否会消亡"的问题，我认为不能妄下结论，一些党报由于有“政党资源、摊派发行、政府形象广告”等特征和优势，可能还将长期存在，另外一些细分市场的行业报，比如定位于老龄化社会的老年报，定位于地铁通勤人群的地铁报等，仍有其独特的价值和市场需求……

但是关于党报的前景，有些数字值得关注。前段时间，中国邮政集团总公司报刊发行局局长刘绍权在接受《中国记者》采访时表示，报刊发行从零售到订阅都在下滑，特别是原先市场上的畅销报刊，都有两位数以上的降幅；但是与此同时，党报的发行却保持着稳中有升的态势。

这两个信息表明，迄今为止，党报在新媒体竞争加剧的时代，并没有随都市报一起下滑。

张桂萍：英国《金融时报》总编辑莱昂内尔·巴博尔（Lionel Barber）早前一封致员工谈纸媒转型的公开信受到很大关注。莱昂内尔称该报的“数字先行”模式和付费在线阅读模式已初获成功，而且该报的“数字先行”思维正改变着新闻制作流程，未来的纸质新闻内容将脱胎于互联网而非相反，采编人员也从原来的“对新闻快速反应抢时点”转为对新闻的深层解读等。这种因应新媒体竞争的“数字优先”策略和实操手法，国内的传统媒体同行是否可以借鉴和学习？对于一时不能实施“数字先行”的电视媒体，如何应对新媒体带来的传播力、影响力、公信力的挑战？

陈国权：我从来都不认为报纸数字化是报业转型的方向。从报纸刚开始涉足电子版开始，《杭州日报》1993年12月6日通过杭州市的联机服务网站进行传输，被认为是中国最早的报纸电子版，报业开始了持续至今的数字化转型征程。2006年8月，由新闻出版总署力推的“中国数字报业实验室计划”更加速了报业的数字化转型进程，虽然此后这个实验室由于种种原因无疾而终。

有人说，美国报纸错失了数字化转型的“黄金十年”，导致报纸错过了关键的“窗口期”，才出现现在这种报社纷纷倒闭、纸媒衰微的局面。

报业运作新媒体已远不止十年了，报业并没有错过什么；相反的是，报业什么都没有错过，几乎每一种新媒体形态，报业都尝试过。实际上，就是因为什么都没有落下，纸媒才走到今天的这个境地。纸媒的激进数字化转型是在加速报纸的衰弱……

梳理这些年来报业运作新媒体的路径与思路，就会发现，纸媒的数字化转型并没有走出成功的路径。报业的数字化进行了这么多年，能称得上成功的案例屈指可数。

包括国外报纸的全球报业都没有获得什么数字化的成功经验，谈何数字化是报业转型的方向？这方面，在拙著《新媒体拯救报业？》中有详细的阐述，请注意那个大大的问号。

谭天：报纸采用付费模式要获得盈利须同时满足两个必要条件：一是内容的稀缺性和高品质（包括品牌）；二是有良好的版权保护。同时还要满足一个充分条件，就是形成产业价值链和用户模式，有的线上免费、线下付费，如有些垂直媒体；有的前端产品免费、衍生产品付费，如动画与玩具。在中国，免费习惯也不是完全不可以改变的，问题是如何用更优质且稀缺性的服务来改变它，同时找到符合中国国情的商业模式。付费模式有很多种，付费墙只是其中一种。同时，我觉得付费墙还只是一种战术性防御手段，报业的生存发展希望还是要寄托在传统媒体结合各自优势和特点的产业结构改变之上的。比如中国经营报社总编辑兼《商学院》杂志社长李佩钰，在2013年10月24日发表了一个“革命性调整”的讲话，称“中国经营报2014年起将不再设置传统官媒的各层干部和广告部门，取而代之的是像互联网公司一样的形形色色的项目团队。报社将把影响力转移到‘线上’，把收入模式转移到‘线下’，把原来的‘二次销售’变成多维度销售，把单一的广告模式变为协同利润模式，实现组织平台化、产品多样化、收入多元化……”，我认为这种“颠覆性转型”，就是一个很有勇气的探索和尝试。

曹轲：值得借鉴和学习。报与纸分离，制与播分离，是传统媒体转型必经的第一步。在生产流程和组织架构上进行再造和倒逼，体现出观念的突破，也必然会带来市场的突破、路径的突破。

陈君聪：作为国家的主流媒体，报业、广电等传统媒体一直是党和政府最主要的宣传平台，但是新媒体因其独有的信息海量、互动性强、时效性强、选择性强等优势，深刻重塑了传统的舆论格局，如何重构新形势下的舆论引导力？深圳广电集团近年在提升传播能力方面做了很多有益的探索：比如，首先，我们全面推进“新闻立台”战略，成功打造了包括《直播港澳台》《军情直播间》《决胜制高点》《关键洞察力》等一批有影响力的品牌新闻节目；在新闻节目创新上，深圳广电集团立足地缘优势，深挖港澳台资源，实现了传播影响力和市场竞争力的“双提升”。2012年9月以来，以上四档新闻栏目共计近百次取得全国省级卫视同时段收视排名第一的优异成绩，成功打破了长期以来在业界盛传的省级卫视新闻节目难有发展空间、新闻节目竞争不过综艺节目的定论。

除了打造核心内容，我们在数字化转型方面也在进行积极的探索。

张桂萍：电信行业的3G导致文字资讯“随手化”，对纸质媒体产生不可逆转的破坏性影响，4G时代的到来则可能导致视频节目随手可得，冲击的是整个电视和视频行业，平面媒体也将进一步受到打击，畅想一下：您认为未来媒体生态会出现什么样的格局？

曹轲：值得期待的体验。作为用户的个体，在这个时代都有福了，也包括从事媒体行业的每个人。媒体未来的生态难以想象，但一定是更方便获得、更方便使用。乐观之下，总是想起手表和自行车这两个行业活得如此之好，关键是改变了人们的评价观念和价值认知。媒体机构会不会也改变了形态，成了智库、顾问公司，成了资讯公司、咨询公司，成了民调中心，成了服务商，成了演出公司……不知道。时间来得越快越好，总比温水煮青蛙强。

谭天：未来媒体生态必然更加多元化和多样化，而且受社会环境、文化传统以及传媒制度的影响。“三网融合”的本质实际上是“两网融合”，电视网和电信网都是物理网，互联网是虚拟网，“两网融合”是物理网与虚拟网的融合。企业互联网化是当今世界经济发展的潮流，不管对于通信运营商还是传统媒体，互联网化程度越高，转型胜算越大。

张桂萍：为了生存，现在几乎所有传统媒体都在思考转型路径。南都全媒体集群最近再次发力，与深圳机场集团联手创办一份空港杂志，说是“看重它一年3000万的人流量和高消费人群”，用这份杂志“给进出空港的旅客提供资讯和信息服务”——有人认为，这实际上仍是“传统思维”，仍是单向的信息传播，读者或用户仍没有参与进来。事实上不少媒体人都注意到，现今已进入信息传播扁平化、广告商家要获取用户反馈信息的互联网时代，空港杂志的这种商业模式仍不算与时俱进。对此，您怎么看？

范以锦：空港杂志有一定的商业价值。我们经常讲内容为王，还有其他，渠道也可以为王。许多杂志是进入不了机场这个渠道的，南都进去合办空港杂志，如果内容出彩，将内容为王与渠道为王相结合，有可能成功。

曹轲：特定市场的细化和精准营销，一定有它独特的用户需求和市场价值。即便有了随时随地随身的移动终端，即便飞机上可以上网打电话，特定的需求总是有的。相关的还有《广州日报》《深圳特区报》以及《南方都市报》等都在涉足的社区报，目前来看，仍是可为的蓝海。如果说要有变化，就是办报办刊的思路必须变，“新闻+副刊”这种大众媒体的套路可能行不通了，“资讯+广告”的单一营销模式可能走不通了。认为这是大众媒体的，恰恰是传统媒体人的“传统思维”在作怪。

陈国权：机场一年3000万的人流量和高消费人群不是固化的，也不是稳定的用户，大部分都是偶然触及的用户，无法形成稳定的平台。南都全媒体集群的这个举动，确实是新媒体时代的“传统思维”。

技术驱动下的媒体商业模式重构：“宜从根本核心角度理解内容为王和付费墙”

张桂萍：迄今为止，受新媒体冲击最小的可能就只有英国的《经济学人》了，同样在互联网和全球经济危机的双重威胁之下，《经济学人》的发行量继续增长，目前每期已超过140万本。每月访问其网站的人数已超过400万。有人认为，《经济学人》对事件的报道方式，包括把名人、不出名的人、公司、国家、非政府组织和新近发生的事件置于广阔的时代和历史背景中，读者看到的是清晰的事态分析、鲜明的立场以及解决问题的办法和建议——这种深度新闻的解读方式，正是其核心竞争力。现在大家对“内容为王”的看法仍有争议，但财新总编辑胡舒立仍认为，在中国，“有价值的深度新闻仍是稀缺资源”。对此，您怎么看？

谭天：《经济学人》的运作只是传统媒体的业务深化和拓展，不是产业层面的转型。如果传统媒体作为内容提供商，“内容为王”没错，如果它要转型为综合服务提供商，光有内容还不够，还要加上面对用户和市场的服务提供，应该是“内容+服务”。如果不能实现有效的传播和良好的运营，虽然“有价值的深度新闻仍是稀缺资源”，但是这种资源也是无法转化为媒介产品的，或者说只有新闻价值，没有传播价值和商业价值。日前，财新的股权转让也表明优质的内容必须建立在更有效的资本运作和媒介运营之上。

曹轲：同意一半吧。就像我们对付费墙的理解简单化一样，对“有价值的深度新闻”或者“内容为王”，我们的同行经常各说各话，不知所云。内容为王的内容，指的是什么？请告诉我，是新闻资讯吗？是深度新闻吗？还是指音视频在内的所有媒介产品？还是包括游戏等统统在内？不同的理解相差十万八千里，甚至是南腔北调、南辕北辙。英国《经济学人》是我们看到最多人谈到的成功例子之一，就像谈到内容付费必谈《金融时报》，就像谈到新媒体转型必提杭州19楼网。经常有一种担心，我们并没有认真了解人家真正成功的要素：独特的企业文化、独特的经营资源、恰逢其时的市场机会。学不来的，就不要谈；谈不来的，就不要说；说不清的，就不要碰。什么叫有价值的？什么叫稀缺的？在互联网时代，还真不好说。清洁的空气和干净的水源，够有价值的，也够稀缺的，我们为此付出了代价，但似乎没有多少人准备付费。

陈君聪：我认为，传统媒体（包括纸媒和电视）的“内容”和“渠道”仍有很强的生命力及存在价值。电视行业首先是一个满足用户信息和娱乐等核心需求的行业，所以，内容打造仍是我们目前的重心之一。正如维亚康姆公司总裁雷石东所阐述的：“传媒企业的基石必须而且绝对必须是内容，内容就是一切！”强大的内容创意、策划、制作和营销能力，是一个传媒企业在竞争中立于不败之地的根基所在，在新媒体竞争态势下这个更要坚持——深圳广电集团就是基于这样一个战略思维，近年来全面实施内容精品打造工程，从节目创新、影视剧创作、品牌活动等三方面共同发力。

在节目创新方面，深圳卫视先后推出《年代秀》《直播港澳台》《军情直播间》《决胜制高点》《关键洞察力》《男左女右》等一批品牌栏目；对都市频道、公共频道、新闻频率、交通广播等地面频道频率，充分发挥其贴近百姓、贴近民生的优势，打造了《第一现场》《一时间》《第一调解》《情动粤TV》等一大批创新节目，构建起了深圳地区很受欢迎和有市场竞争力的民生品牌节目群。

在影视剧的创作投拍上，深圳广电集团积极创新运行机制，先后投拍了《夜·明》《马文的战争》《天地民心》等多部影视剧作品，2013年集团投拍的电视剧《有你才幸福》亮相央视一套黄金档，创造了全年央视一套黄金档平均收视的最高纪录。

在品牌活动方面，深圳广电集团先后打造了金钟奖、金鹏奖、青春之星、跨年音乐会、鹏城歌飞扬、读书月经典诗文朗诵会、公益广告大赛等一批大型品牌活动，反响热烈，美誉度高。其中，集团2013年举办的第四届新媒体短片节金鹏奖的参赛国家和地区数量增至94个，成为具有较强国际影响力的品牌活动；举办的第九届中国音乐金钟奖流行音乐大赛，在全国首创“中国流行音乐超级联赛”模式；打造的“声震新世界　2013深圳香港台北三地青春狂欢夜”主题跨年演唱会，以创新的内容和形式，在跨年晚会的激烈竞争中成功突围，取得了全国同时段收视排名前四的好成绩。

陈国权：关于“有价值的深度新闻”，在我看来，在新媒体时代以及对传统媒体的新闻管理制度下，是不可能实现“有价值的”。

深度并不意味着集纳、整合、内容丰富。这些动作，网络做得比传统媒体更好。别人没有的东西你有，这才叫深度。但是报纸总是错误地理解深度为前者，因为没有办法做到后者。新媒体上有的东西，报纸上也没有；新媒体上没有的东西，报纸上更没有。又怎能做到深度呢？比如薄熙来案件在济南中院审理，报纸能拿到新媒体上没有的东西吗？报纸完全沦为微博信息的二传手，第二天还在爆炒着新媒体的冷饭。薄熙来案件也有很多“深度”的信息，但是新媒体拿不到，报纸更拿不到。还由于对报纸的管控比对新媒体的更严格，报纸更不敢放开手脚报道。

还有人认为，报纸的深度在于“视角”，独特的视角。何况，读者早就习惯了报纸的视角、所谓主流的报道方式，基于喜新厌旧的心理，更愿意接受新媒体的新的视角、新的报道方式。

公信力也是如此。当很多事情，大量新闻事件如宁波水灾、郑州爆炸、青岛爆炸等等出现的时候，报纸不能即时报道或因种种原因不能报道，公信力又如何树立呢？只会越来越小。所以，传统媒体如果不能求变，就千万不能再随便幻想“内容为王”了。

张桂萍：传统媒体能否转型成功，离不开领导者的决策和思维。管理的变革就是思维的变革，传统媒体在转型时从上到下都要有产品经理的思维，为此重新构建媒体的商业模式；即使不能一步到位达到这种“受众驱动”的模式，至少要顺应互联网时代的互动局面，推动传统媒体与新媒体有效融合，以应对新媒体的挑战。您对这种转型思路做何评价？

曹轲：总体上来说没有错，新的商业模式需要重新建构，媒体管理者要有产品经理的思维，要有综合运营的思路。具体到某个媒体机构，具体到某个媒体产品，具体到某个媒体岗位，又要仔细斟酌其间的微妙差别，这一点点的微差会造成结果上的巨大落差。如果产品经理不是互联网的思维逻辑，那还不如专注地做一个好厨师；如果人人都做产品经理，那就可能找不到一个专注烹饪的厨师；如果人人都守在前台迎候客户，那就可能简单地把客人当成了自助生产的厨师。B2C、C2C、UGC，多少人因此误入迷途。

陈君聪：我非常同意现阶段“传统媒体与新媒体融合发展”的思路。我们深圳广电就是通过这样的创新探索了多样化的“数字接轨”模式——现在不少传统电视媒体正在主动通过IP化、网络化、数字化、高清化等技术手段，驱动业务流程、生产方式和服务模式的全面升级，实现新媒体化；同时又主动出击积极发展融合新业务。比如，中央电视台、新华社、上海文广、杭州华数等传统媒体都加大了新媒体的发展力度，并已成功打造了CNTV、新华网、百视通等一批传统媒体主导的新媒体品牌，积极实施全媒体化发展战略。

深圳广电集团是作为全国广电系统唯一的新技术新业务试点单位，利用新媒体、新技术发展跨界融合工程。目前深圳广电已建成全国领先的全数字化、网络化、高清化的制播平台，并在全国率先研发使用了互动虚拟演播室技术，通过全国最先进的摇臂跟踪技术，用电影制作手法创新性地对节目进行包装，尝试下来效果很好；另外我们还在建设融合新闻中心，2014年初就可以投入使用了，目标就是通过搭建面向全媒体的一体化新闻内容生产体系，进一步增强在新媒体环境下的新闻传播能力。

此外，深圳广告也在新媒体新业务上积极布局：一是在全国率先完成了有线数字电视整体转换，积极推进了有线电视网络整合，并依托旗下上市公司——天威视讯，构建起了融数字电视、高清交互、高速宽带、信息服务于一体的“三网融合”业务体系，在深圳地区实现有线数字电视用户110万、高清交互电视用户近40万和高速宽带用户超过20万。二是以深圳时刻公司为核心，充分整合中国时刻网、移动电视、IPTV、CMMB（手持电视）、eTV手机电视、新媒体短片节金鹏奖等新媒体业务板块的优势资源，初步形成了“一云多屏”的新媒体发展格局，实现了新媒体的协同、快速发展。截至2013年11月底，中国时刻网站单月点击已达1.37亿次，居全国广电系网站排名第一；2013年4月上线的“中国时刻eTV”手机客户端下载量已突破10万次；2012年6月正式商用的IPTV业务，目前已整合直播节目达120多套，实现覆盖用户30多万户。三是联合70家成员台和紧密合作媒体，倾力打造了全国性新媒体品牌——城市联合网络电视台（CUTV）。经过2011年至2013年两年时间的发展，CUTV目前已实现网络覆盖全国26个省市近8亿用户，成功汇聚全国28个电视台的128个电视频道及24个广播频率，积极探索和创新了广电新媒体的发展模式……这些探索既获得了市场成绩，也得到了中央、省、市领导同志的高度肯定。

谭天：传统媒体转型当然离不开领导者的决策和思维，管理的变革目前看来，我觉得就是互联网思维的变革——首先要有“分布式结构”的互联网基因，就是去中心化（社会化）和再中心化（平台化），互联网思维其实就是一种价值取向。媒体也是产品，产品是对应用户的，所以我认为传统媒体转型最重要的角色不是产品经理，而是媒体管理者能否成功转型，成为设计新的商业模式以适应用户需求的“架构师”！

张桂萍：随着4G在2013年末的闪亮登场，基于数据时代的互联网模式开始深刻影响电视和视频行业，比如最近很火的美国电视系列剧《纸牌屋》，就是采用典型的“用户驱动”模式：《纸牌屋》一开始就根据用户的行为、数据、需求分析出数据，然后再根据这些数据选导演、选演员，充分打造整体内容。请问未来电视或者视频行业的前途就在于与优秀用户交互吗？您认为未来电视台应该怎么做以应对这种数字化技术带来的冲击？

谭天：在大数据时代，用户驱动也好，用户定制也罢，都离不开优质内容这个大前提，不要因为我们出发太久而忘记当初为什么要出发。最早洞见大数据时代发展趋势的数据科学家维克托·迈尔-舍恩伯格在谈到数据挖掘的精髓时指出，要从追求精确度向掌握大体的分析转变。从宏观层面来看，良好的用户交互还要建立在响应用户需求之上；从微观层面来看，网络视频比传统电视对用户数据有更好的处理能力和响应能力。未来电视必然是先个人后家庭，先社交后上天（卫视），发端于用户，推送于移动，最后才回归于客厅。我认为冲击不是源自技术，而是源自新技术带来的新的服务方式和商业理念。

曹轲：道与术的关系。术可用，但不能着了道，入了迷，舍本求末。

张桂萍：2013年11月，腾讯网在十周年之际，与中国人民大学新闻学院新媒体研究所联合发布了《中国网络媒体的未来》报告。报告称，关系网络是过去十年中国互联网发展的一大脉络，今后网络媒体的方向，不再仅仅限于终端、内容和人，而是以视频化、移动化和社交化为核心，以内容网络和关系网络的交互为导向，把人与媒体的“社交化”和“关系革命”变现。事实上，腾讯的QQ和微信就是这样做的。随着大数据挖掘和云端服务，现在一个人的好友关系、浏览习惯和购物历史三大数据都已经可以在线实时拍卖交易了，在这样的紧迫形势下，传统媒体如果不能以“建立用户数据库”为转型导向，建立新的商业模式似乎看不到前景了。您同意这样的结论吗？

曹轲：这是一个很重要的结论，也是一个很重要的方向。作为腾讯，有资本这么说，也更有动因这样说。如果说不同意这个结论，会显得回答者out，如果要完全赞同这个结论，那么传统媒体早就该out了。当年传统媒体跟新浪合作内容时，都没有占到便宜，后来再办自己的新闻网站时，谁也做不到第二个新浪。当然做到了第二也没有用。现在，建立用户数据库，碰到了同样的困难、危险和尴尬。不做吧，似乎不对，做吧，似乎做不起来，做起来一点吧，似乎又做不了多大。无论如何，不追随行业领先的老大，是要落伍的，仅仅追随行业领先的老大，注定是追赶不上的。因此，赞成通过与互联网行业领先者合作项目的办法，去学习感受和自我改造，同时还可能在业务和渠道、产品和机制上达成互补多赢，比如，南方报业与腾讯合办大粤网，很快就有了盈利。今年（2014年）正式启动的创新媒体云项目，与合作方IBM、软通动力也有很好的互补性。说到底，媒体再转型，也不会转成互联网公司，也转不成互联网公司。媒体有自己的规律，媒体有自己的职责，媒体有自己的宿命。种豆得瓜，或者种瓜得豆，2014年注定难见分晓，种子却已埋下土。

陈君聪：我不认同“不建立新的商业模式就看不到前景”这样武断的推断。像腾讯网这样的互联网公司，他们的理念和做法确实值得我们传统媒体人关注和学习，但是我认为，对于同时兼有“历史包袱”和“资源优势”的传统媒体，仍要在市场转型中扬长避短，利用现有优势进行融合创新，比如产业发展可以尝试从一元化向多元化转型。目前国内的传统媒体，如凤凰出版、浙报传媒、新华传媒、中南传媒为代表的报刊出版媒体，已经走上了一条跨地域、跨行业、数字化、资本化的多元化发展之路；上海广电、湖南广电、江苏广电为代表的一批广电媒体也在新媒体、影视制作、平面媒体、演艺经纪、电视购物等领域实现了重要突破。这些发展模式的形成和成绩的取得，充分说明主体经营多元化对于传媒产业的健康持续发展具有非常重要的现实意义。

自2004年成立以来，深圳广电集团不断强化主体经营，积极推进多元发展，实现了从广告“一业独大”到广告、网络传输与服务、新技术新业务、内容等产业“四足鼎立”的重要转变，围绕打造文化航母的目标，深圳广电集团从以下三个方面启动了新一轮的产业转型升级：

一是立足深圳卫视，着力强化广告主业发展实力。近年来，内容创新使深圳卫视收视成绩和广告创收能力都节节攀升，比如2012年在外部经济形势低迷和媒体行业创收乏力的大环境下，深圳卫视广告创收一跃成为了集团第一创收频道，为集团广告产业的稳步发展和成功转型提供了有力保障。

二是立足媒介融合，积极构建新型传媒产业格局。深圳广电集团近年充分把握新媒体新技术发展所带来的历史机遇，积极推动媒介融合发展，构建了覆盖有线数字电视、IPTV、网络电视、电视购物、移动电视、手机电视等领域的新型传媒产业格局，初步培育出了中国时刻网、城市联合网络电视台（CUTV）、宜和购物、eTV等多个新媒体业务品牌，成为集团产业发展的新增长点。

三是立足文化发展，不断创新文化产业发展模式。在实现产业多元化发展的过程中，深圳广电集团还立足于文化发展，逐步探索出了“文化+创意”“文化+服务”和“文化+金融”等多种发展模式。在“文化+创意”上，深圳广电近年来先后投拍影视精品近50部1200多集，取得了良好的社会效益和经济效益；深圳广电集团国际公司（SZMGI）成功建立起了遍及全球30多个国家和地区、涉及近200个电视媒体的发行网络。在“文化+服务”上，完成了旗下怡景国家动漫产业基地、会展公司和文化产业公司的合并重组，打造了以基地建设、产业园区服务和会展推广为核心的文化服务产业链。在“文化+金融”上，深圳广电集团控股的深圳文化产权交易所在短短3年时间里，已吸引机构会员超过600家，实现交易总额超过130亿元，有效发挥了国家级文化产权交易及投融资综合配套服务平台的作用。

谭天：我不认为传统媒体有能力建立起这样的用户数据库，因为真正的用户数据库必须建立在基于互联网的媒介平台上，同时建立在基于交互的数据平台。因为传统媒体与新媒体的结构是不一样的，前者是辐射式结构，后者是分布式结构，人们常说的互联网基因就是源于这样一种结构。传统媒体由于不具备这种基于关系传播的开放平台，因此它的用户数据库是十分有限的。对此，我认为传统媒体转型的前提是互联网化，在运营上具有更多的互联网思维，在结构上拥有更多的互联网基因，唯有如此才用得上云计算和大数据，才谈得上建立自己的用户数据库，否则只能使用别人的数据。最后，我要强调一下，转型的前景虽然不太乐观，但我也不赞成悲观主义，办法总比困难多。我也不赞成简单地把转型失败的原因归罪于客观环境，我相信车到山前必有路，新媒体转型也会给传统转型带来机会。

朱剑飞：2013年2月，参加在广东顺德举办的中国电视满意度博雅榜论坛的业界人士王明轩称“假如腾讯也能做电视”，认为那些拥有强大的资金、技术、市场、用户等优势的互联网大公司，在较短时间内超越传统电视机构（包括央视）而成为媒介垄断巨头并非不可能。事实上腾讯的影响力资源与创收能力与央视不分伯仲，甚至已略超。因此在整个传媒业界，如何应对以网络媒体以及自媒体为突出特征的新媒体的崛起是一个绕不开的话题。党的十八届三中全会也明确指出，“整合新闻媒体资源，推动传统媒体和新兴媒体融合发展”是传媒发展的目标方向。

受访者简介

范以锦 暨南大学新闻与传播学院院长、教授、博士生导师。曾任南方日报社社长、总编辑，南方报业传媒集团董事长。

陈君聪 受访时任深圳广电集团党组书记、总裁。先后获评“2009-2010年度中国广电创新年度人物”“2012综艺年度创新人物”等国家和省级奖项。

曹轲 南方报业传媒集团管委会委员、副总编辑、高级记者，南都报系总裁。

陈国权 新华社《中国记者》杂志值班主编，清华大学未来媒体研究中心研究员。主要研究传媒竞争战略与传媒转型战略。在《中国报业》《两岸传播》《中国传媒科技》等期刊开设有个人专栏。代表观点有：传媒分化论、报业分类转型、第三次报纸危机等。

谭天　暨南大学新闻与传播学院教授、博士后合作导师，高级记者，新媒体研究所所长，著有《新媒体新论》《批评与建构——聚焦中国电视》等书9部。

朱剑飞　华南理工大学新闻与传播学院副院长、教授，全国“百优”广播电视理论工作者，《南方电视学刊》创始人。

第四章

创新报业经营模式：与用户建立“联结”

——汕头大学长江新闻与传播学院代院长范东升专访

在现代报业发源地欧美媒体普遍性衰退六七年后，中国的传统媒体也开始面临大考：2012年以来一直持续到今天，中国的传媒市场，一方面就像史前的寒武纪生命大爆炸一样，在非常短暂的时期内，涌现出包括微博、微信、微视频、自媒体等各样各类新型媒体生态，而且这些新型的传播方式和传播介质互相影响、互相补充、充满活力；另一方面，全国成千上万各级各类传统媒体集体进入“严冬”，一些有抱负的专业媒体，仍在坚持生产高质量内容而奋勇图存，更多媒体尝试各种转型……更早面临困局寻求创新的欧美媒体“数字化转型”，国内同行可以借鉴吗？传统传媒单位和传媒人应往何处去？原来的媒体品牌在新形势下如何坚持和维护？什么才是有效的新型传播模式？数字技术驱动下的新型传媒商业模式核心是什么？如何构建？

在国内传媒业面临欧美同样尴尬困局的关键时刻，汕头大学长江新闻与传播学院代院长范东升教授接受我的独家专访。范东升多年持续关注欧美媒体变革和数字化转型，并接受国家新闻出版总署新闻报刊司委托，于2013年首次对我国39家主要报业集团数字化转型情况进行调研。在此基础上，范东升疏理回顾了美欧报业应对危机的种种经验和教训，并提出传统媒体转型的关键，就是要“努力提升与用户之间的联结度”，并在此基础上构建新型的传媒商业模式——他认为，这正是区别新、旧媒体的标志，也是传统媒体能否转型成功的关键。

媒体转型成功与否的标志在于是否与用户建立了“联结”

张桂萍：刚刚结束的2013腾讯网媒体高峰论坛上，有专家认为，技术正在推动优质内容回归。他们认为在社交媒体时代，无论是传统媒体还是新媒体，都要重新思考媒体的定义，重新去认知人对于资讯的需求，移动互联网可能重构包括传媒在内的传统行业，所以用移动互联网的方式做媒体，理解和管理用户间的联结才是未来媒体转型的关键。事实上，包括腾讯、搜狐等互联网公司已经在行动：比如腾讯就以“最具竞争力的稿费水平”，请各行各业最优质的大脑来生产最优质的原创内容。对此，您怎么看?

范东升：是的，未来可能出现这样的情况，就是互联网公司反过来收购传统媒体，或者聘请包括传统媒体人在内的社会精英生产原创内容。社会肯定需要最优质的媒体内容，但谁来做？传统媒体能不能从自己的“原创优势”中扭转目前这个不利趋势？比如《纽约时报》，它仍在坚持生产高质量的新闻内容，也拍视频作品，总体质量相当不错，另一方面，它也在做其他的数字新产品，特别是自从搞了付费墙以后，思路已大为改变——它的一些做法和思路，我们中国的传统媒体应该可以借鉴。

张桂萍：那么您认为，《纽约时报》的付费墙是个成功的范例吗?

范东升：我认为大家对《纽约时报》付费墙的理解是比较表面化的。很多人以为《纽约时报》付费墙，似乎就是只给用户免费看几篇文章，再多看就要强迫付费，这是一种误会。其实最重要的是，《纽约时报》通过付费墙的方式，通过数字化收费方式，建立的是“用户数据营销”信息，改变的是整个经营模式。

我们的传统报纸印十万份，但这些读者是谁，我们根本不知道，我们不掌握这个信息。台湾《联合报》是台湾首屈一指的大报，去年我访问台湾的时候，问《联合报》负责人，你们有没有读者数据库？他说没有，说这个数字在发行公司手里——这实际上是报业普遍存在的现象。报纸读者只是一个数字，5万，10万，100万，不管真的假的，我只要拿这个数字去谈广告就OK了。同样，办网站也是以点击率访问量达到什么数，再拿这个数字去拉广告。这个思路是有问题的，在现在新兴的网络平台上，如Facebook等，虽然网站本身没有制作什么具体的产品，但它们的用户都是一个个活生生的人，网站与用户建立的是一种关系，创建的是一种联结度，英文叫engagement！注意，这个联结度不是“注意力”，不是“点击率”（原来一直有个说法，认为有了“注意力”，就有“影响力”），“注意力”最多是一种access（接触到），而不是engagement。Engagement 在英文里原意就是“结婚”，是一家人，你中有我，我中有你，这与“注意力”的思路是完全不同的。

我再举个例子，在西方国家，作为某银行的客户，我到银行里存钱，银行就会记录你的所有信息，包括私人信息和消费习惯等。你一旦被他们纳入用户服务对象，他们就有针对性地通过电话、电邮和短信，推荐或销售一些合适你的产品给你，或提供账户安全服务等。Google为什么能轻而易举拿到广告第一份额？事实上它也是采集和分析了它的每一个用户的使用习惯，知道你的需求——事实上，这才是新媒体的核心优势，但我们的传统媒体都不懂这个东西，也没有重视收集和分析自己的用户数据。

张桂萍：最近一两年，国内外报纸以最快的速度丧失读者、广告、市场和他们的使命感，有人认为，是因为一开始报业就没有“公民新闻”的概念，没有尝试与读者建立更为互动的对话关系，没有尝试把控制权让给读者和社区——而“控制感”是人类的本能和根本需求（根据心理学理论）。另外人们也认为，在信息社会，“传媒注意力”（接触和注意到传播内容）和“传媒影响力”（认知、情感和意志行为等合目的的受动性改变）是传播的本质。您同意传播学领域这种新兴的跨界观点吗？

范东升：联结度也可以产生影响，体现的是媒体传播当中的社会关系的变化，与影响力还不是一个东西。把控制权交出去，让给平民和公民，让给读者和用户是大势所趋。影响力可以从不同角度来阐释，我把注意力和联结度放在一起考虑，是针对目前网站的一些缺陷来说的。

张桂萍：“注意力”和“联结度”是两个概念，这可能正是我们传统媒体与有效的新媒体的根本区别所在，因为不少媒体人对这两个概念的区别认识不是非常清晰，能否进一步阐释一下？

范东升：一位读者在大街上买了一份报纸，没有人在意他是谁，与报社也没有什么关系，报社最多知道多销出一份报纸，多了一位读者在看报。但建立了用户数据库的新媒体，它就会完全知道用户是谁并与之互动，通过这种方式建立联结，这就是新媒体的核心。我们的报纸读者群有100万订户，这100万人是谁？缴了订报的钱就完了吗？不对！应该创建一个数据库（Database），再建立专门的服务团队给每一个读者服务！英国《金融时报》中文版主编张力奋告诉我，他们就是这么干的！目前《金融时报》数字产品发行比例已经很高了，未来还准备放弃纸质版。《金融时报》很注意收集读者每天上来搜索什么、注意什么，对每个顾客数据进行记录、挖掘，再对每一个进行分析，看准了，有针对性地给他发电邮做营销，一个一个这么干，精准度非常高。《纽报时报》读者目前90%都已转为数字用户，这就是它的“付费墙”的秘密。《纽报时报》一开始就建立了一个很强的专业营销团队，他们对数字化产品的设计和定价战略等，都做了详细的研究和调查，这与我们国内媒体推广一个新版本不做市场调查，只依靠“聪明”的领导拍脑袋决策不同，西方的媒体做调整，一般都有大量的调研数据予以支持。人家媒体的市场化程度高，是当一个生意来做，要采用任何新的经营理念，都依赖于科学的、数据化的支撑以及遵循市场化规则和手段来指导和改变。

总之，是“联结”不是“连接”，“联结”是一种互动的关系，不只是注意到、接触到，这正是传统媒体与新媒体的重要区别所在。美国学术界已经对此做了比较详细的研究，包括“联结”的多种形式和层次（如包括接触、对话、合作）等等。

张桂萍：新媒体时代的商业特征是围绕用户建立、积累信息资源，建立用户数据库，营建用户社区，利用网络搜索和数据挖掘等技术手段进行创新盈利。现在已进入Web 2.0甚至Web 3.0时代，传统报业还来得及对原来订户建立数据库等数据信息吗？建立“联结关系”这种模式看起来很有前景，您建议我们的纸媒怎么样着手才好？纸媒转型现在还来得及与新兴互联网巨头一较短长吗？

范东升：现在不少传统媒体做全媒体，惯常的思路是，人家有视频，我们也搞视频，也建一个演播室，似乎就是新媒体了。由于要对员工培训视频制作技能、要采购设备等，反而抬高成本花了更多的钱，效果却不一定显著。不妨想一想，Facebook 2013年第三季度营业收入超过20亿美元，其中广告收入18亿美元，而同年《纽约时报》单季广告收入甚至不到2亿美元。Facebook的创始人马克·扎克伯格，只是一个大二学生，但他竟有能力令网站收入在十年间压倒《纽约时报》这样权威性的百年大报，这说明什么问题呢？秘密就在“联结”二字。

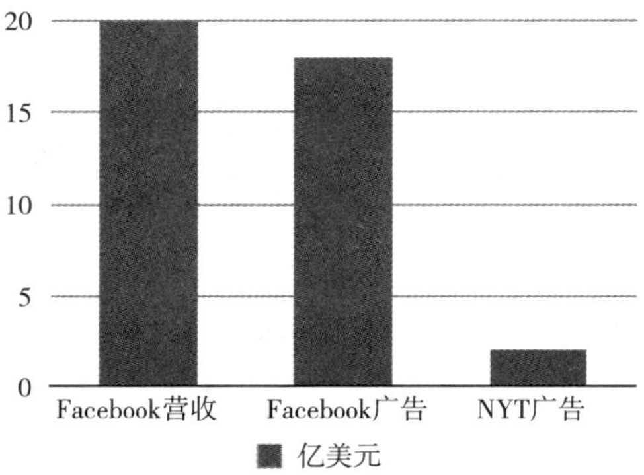

2013年Facebook与纽约时报单季收入比较

回头来看我们的传统报纸，能不能先把自己的100万读者搞明白？如果搞明白，报媒转型就没有来不及这一说。既然有那么多读者订了你的报纸，说明有一定的忠诚度，我们就要从“用户需要”的角度出发，思考诸如订户究竟是谁、订了我们的报纸有什么好处、可以得到什么服务等，纸媒要建立专门的团队来给读者服务，按数字化优先，按“搭平台”的思路去做，没理由做不到。但大多数报社可能根本不想这么干，这才是问题所在。而《纽约时报》就组织专人这么干，他们的思路，就是力图把所有订户都转为数字用户。

2014年《纽约时报》就在建立了用户数据库的基础上推出了三款产品，一个是新闻聚合产品。他们认为，自己的专业团队和专业水准做的新闻聚合产品水平高，可以销售给用户卖钱，具体卖多少钱，他们又去做了详细的调查。“事前市场调查”是一种稳健的经营理念——反观国内媒体，经常是拍脑袋做决策，自己推出的产品有没有人看都不管，先做着。《纽约时报》推出的另外一个产品是“美食”，介绍美食的媒体产品已经很多了，但《纽约时报》认为自己做的是“不可替代的聚合”，仍然是可以卖钱的。为什么有这样的自信？因为它对用户做了“数据分析”，与用户的关系是一种“联结”。第三个产品是评论（言论）。按道理“言论”是很难卖钱的，但它们已经在尝试去做。这个“言论”产品能不能成功不知道，但它们的商业思路在发生改变，商业思路改变后就把原来非常危险的局面扭转过来。虽然广告仍在下跌，但它的数字收入上来了，而且创建了读者的数据库，这些读者愿意付钱买《纽约时报》推荐的、适合自己的产品，未来就不用那么担心了。更重要的是，用户的数据库和与他们的联结关系建立起来后，对读者的需求了解了，这样可以做很多事，包括有针对性地推销产品和广告，让广告效果更有效。

目前全世界做得比较好的，《纽约时报》和《金融时报》是两个比较成功的转型。我们从他们的做法可以看出：报纸做付费墙并不是简单地从原来的免费转为收费，而是通过付费墙来有效地获得读者数据，从而建立与他们的紧密的联结关系——当然，所有的转型和商业模式重建，都要完全建立在数字化技术基础上才可以做得到。目前大多数传统媒体人思维还是比较陈旧，懂数字化技能的人不多。不久前《纽约时报》的老板小苏兹伯格被问到“如果倒回去十年，你会怎么做”时，他脱口而出的一句话是“多聘用一些工程师”，也就是在技术革新加速发展的今天，延聘技术性人才特别重要。

张桂萍：微信为什么在这么短的时间内取得这么大的成功？我们注意到，微信首先具有媒体属性，比如，很多微信公众账号创建了“专业资讯”，有大量深度的、原创的、垂直的资讯可以获取；另一方面，由于微信主要是基于熟人社区的，人们除了有传播和获取资讯的需要，还有社区归属的需要，有在朋友圈分享、交流、发起各种活动等的需要，分享、交流多了，同一社区的人们就更容易建立相互依存、相互“联结”的关系，这样人们对一个渠道的用户黏性也就建立起来了。但传统媒体，包括新浪微博在内的社交媒体，就缺乏这种“强关系”和多元联结度，所以被用户抛弃的风险就比较大。您同意这种分析吗？“建立联结”是否是媒体的未来和媒体商业模式新特征？

范东升：同意这个看法。西方学界和业界人士早就提出了“联结度”

这个概念，认为是新媒体与旧媒体相互区别的关键性衡量尺度，但我们国内在实际传媒改革和转型中没有加以借鉴或运用。中国传媒转型究竟应该往哪里去？我个人认为，“建立联结”这个思路是非常关键的！旧媒体只在乎一个数字，有收视率，有发行量，而不知道具体的活生生的人；而新媒体与用户建立协议关系，彼此对话，提供服务，给用户“画像”——知道每一个用户的年龄结构、消费水平、爱好习惯等信息，并对这些信息进行分析和数据挖掘。从这个转型思路出发，媒体在实际运作中首先就要借助数字技术的手段，时时处处注意与读者用户建立联结关系；其次“建立联结”不是自然而然发生的，要调用资源、配备人员、建立专门团队去运营，努力把原来的报纸读者，一个个转变成数字产品的用户。而对国内报业集团的调查显示，各集团对用户数据库的建设和利用还不够重视。只有60.5%的报业新闻网站会搜集用户数据，接近四成的网站没有开展此项工作。仅有4家网站能提供纸媒订阅户转换到网站注册用户，比率不到10%。

张桂萍：除了付费墙，目前国内外的传统媒体都在尝试各种形式的转型。2013年8月，亚马逊创始人杰夫·贝索斯斥资2.5亿美元以个人名义买下华盛顿邮报，但不包括其旗下的全球最大考试培训教材出版卡普兰教育业务。事实上，早在2005年卡普兰教育业务板块就帮助其母公司华盛顿邮报抵抗了报业业绩下滑的寒潮，但最终报纸业务还是剥离出售了，这是否意味着报纸的多元化之路并不意味着能成功挽救报业？目前国内不少传统媒体走的是多元化经营之路，您对此怎么看？这对国内同行有何启示？

范东升：在本机构条件具备的情况下，搞多元化挺好，但不要忘记，搞多元化是解决经营效益的一个方法，但不能放弃媒体品牌，不能把自己变成一个房地产公司等等之类的企业，绝不能以损害品牌为代价，否则也就意味着一家媒体的价值的终结。作为传媒集团，各种其他产品的投资都要围绕传媒品牌做文章，否则一个不慎，就会把以前所有积累的品牌价值归零。

张桂萍：这两年世界的传播方式正在发生两大变化：一方面，美国的社交网站Facebook用户数超过10亿大关，国内的微信用户数也有望突破5亿，与动辄号称“发行百万大报”比，传统媒体已属“小众媒体”，Facebook在美国的搜索流量甚至已超过谷歌——因为新生代的人们更喜欢依靠他们朋友的推荐和活动去浏览网络，阅读相关信息和视频，而减少靠自己去搜索网络的时间；另一方面，过去政府与公众的接触和交流不得不通过新闻界或利益集团，现在公众被赋予了平等的地位，可以以扁平化的方式进行原汁原味的直接交流了。您认为这种“朋友式分享”和“去除中介化交流”会成为未来传媒业的方向吗？

范东升：尽管“朋友式分享”和“去除中介化交流”是网络社区发展的趋势性现象，但是我想强调的是，如果没有《华盛顿邮报》，尼克松就不可能下台，在对权力的监督等方面，主流媒体仍有不可替代的作用。积累和搜集信息的专业机构、专业人士仍不能由公民新闻所取代。比如2013年12月青岛发生燃油大爆炸这样的大事件新闻，我们网友可能转发、评论，但无法做到像专业新闻机构那样进行事件背后的真相和原因挖掘，这样的“深度信息”仍然需要专业人士去做，发生在自媒体、微信和微博等社会化媒体的“朋友式分享”都不能取代。

张桂萍：“媒体多态生存”的格局，令尚未转型成功的传统媒体面临进退失据的困局，您认为国内媒体面临根本性颠覆的时间窗口还有几年？

范东升：我们来看一些数据吧。英国《金融时报》近年来开始倡行数字优先，尽管其办报质量仍然保持很高，但每年纸质版发行量还是在下降，现在实行数字优先，是它的唯一选择，是一种主动战略，也是正确的选择。如果它当时不这么做，现在就可能非常危险了。据2013年10月的数据，该报数字与纸版合计发行量为629，000份，达到了125年以来的最高水平。而数字产品订户为387，000人，比年初增长24%。如果它仍然只搞纸质版，现在发行量就只有24万份，其前途何在可想而知。[①]据《纽约时报》2013年9月底的数据，周一至周五平均付费发行量约为190万份，而其中122万为数字产品订户，印刷版发行只有68万份；周日报的发行量为239万份，其中也已有116.8万为数字订户。不管这家报纸讲不讲“数字优先”，实际上已经必须是数字优

① 英国《卫报》网站专栏：Roy Greenslade: *Financial Times reaches highest circulation in its 125-year history.* http://www.theguardian.com/media/greenslade/2013/oct/30/financialtimes-mediabusiness

先了。纽约时报印刷版总发行量不仅已经大大低于数字发行，而且还在持续下跌，周一至周五同比下跌5.7%，周日报同比下跌2.1%。[①]

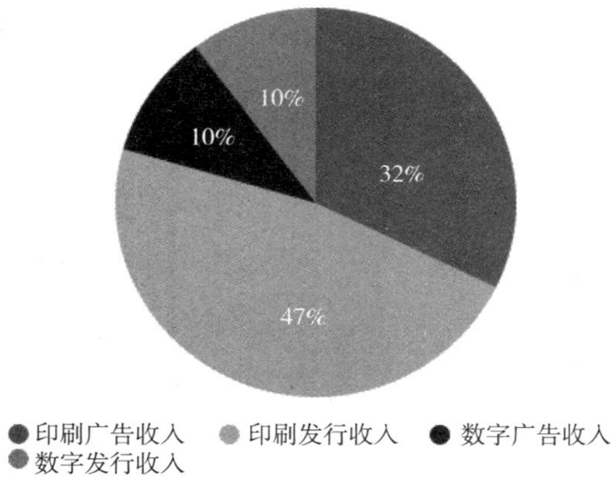

纽约时报2013年前三季收入情况

如果该报不搞数字化，照这个样子跌下去，谁知道还能撑几年？实际上正是数字产品拯救了纽约时报，2013年前三个季度该报广告总收入为4.5亿美元，同比下降6.3%，而发行收入已超过了广告收入，达到6.16亿美元，增长6.5%。其中主要是数字发行的拓展，收入为1.1亿美元，增长了42.4%。数字发行和数字广告收入合计，已占到总收入的20%。[②]

2013年的中国晚报协会第28届年会上，有媒体老总在反问："谁在唱衰报业？"与会的一百多家晚报代表形成一个"报人不能再轻易说报纸没有未来"的共识，但是，如果要说对报纸未来有信心，就必须有勇气去学会掌握数字化网络新技术，必须改变旧有的平面思维方式，必须去创造一种新的以用户为中心的商业模式，才能适应这个媒体大变革的新时代。

① 纽约时报公司2013年10月31日新闻稿：The New York Times Announces Solid Circulation Gains http://investors.nytco.com/press/press-releases/press-release-details/2013/The-New-York-Times-Announces-Solid-Circulation-Gains-/default.aspx

② 纽约时报公司2013年10月31日新闻稿：The New York Times Company Reports 2013 Third-Quarter Results. http://investors.nytco.com/files/NYT%20Q3%202013%20press%20release%20FINAL_v001_k50lfn.pdf

参与、协议和社区式传播是未来传播格局新生态

张桂萍：现在是Web 2.0后并逐步进入Web 3.0时代，您怎么看待报业面临的公民新闻、草根回归和超越平面？中国的传媒市场有自己的特色，您认为美国现有的新媒体生态学理论是否适合指导中国报业改革？

范东升：新媒体技术的普及和运用是超越国界的，在某些方面，中国互联网和新媒体的发展在规模和水平上甚至超过国外，在形态上也有不少创新，因此新媒体生态学理论在基本点上也适合于中国的情况。新媒体不仅仅是一些新技术，它也带来新理念。正如我在《拯救报纸》一书中所说的，无论在中国还是外国，现在传播领域出现了三重转变的新趋势①：一是出现参与式传播，现在的信息接收者不是“受众”，而是“参众”，用户在传播过程中可以体现和表达他们的主动性、参与性。二是协议式传播，我认为这个很重要，表明传者与用户之间建立关系的方式变化了，建立协议意味着确认双方的“交易”关系以及相应的承诺、权利、责任和义务。比如我在网站一注册，就是和网站建立一种协议关系，这种协议关系联结度高，因为是基于我们双方的相互需要。这就好比说学生考到我们学校，就要先来学校注册，这就建立了一种“协议”，注册入校的学生就比校外随机到我们学校来听课的学生有很大的不同，双方有更高的“联结度”。三是网络社区式传播，比如在微博、微信上就是一种社区，无论你承不承认，网络社区式传播都已经发生，而且在发挥越来越大的作用。在以往的大众传播时代，大众传媒占据了信息中心的统治地位，社区传播退居传播过程的末端和边缘。而在如今，网络社区正演变成社会信息传播主平台，传统主流媒体反而丧失主导地位，甚至被边缘化。参与式传播、协议式传播、社区式传播，以上三重转变就形成新媒体传播的新生态环境，传播的形式因此发生了很大的改变。现在整个传播体系都建立在这种新生态基础上，这也是传统报业的改革所必须面对的。例如所谓“公民新闻”，虽然它并没有也不可能全部取代专业性新闻，但是公民新闻的作用非常大，是一个不可或缺的传播新要素，它改变了媒体与用户之间的关系。中国报业改革和转型不是简单地在平面的基础上增加视频等多媒体传播，而是传播过程中人与人之间关系的根本转变，形成以用户为中

---

① 参见范东升：《拯救报纸》一书第4章第4节“传播模式的三重转变”。

心的新模式。

张桂萍：与以往占主流的人群是“数字移民”不同，现在成长起来的用户主要是“数字原住民”，人们普遍认为这类人更容易背弃纸媒，拥抱移动数字化媒体，您怎么看？有什么应对这种局面的建议？

范东升：所谓数字原住民，可能更偏重于使用手机等数字化产品，对他们的服务是建立在数字化平台基础上的，但我不认为数字原住民就一定会拒绝纸质媒体。在报业衰落的美国，在一些特定场合，如医生诊疗室、律师所、美容院等地方等待的时候，报纸和杂志还是受欢迎的，不一定顾客都只看手机。在市场化的地方，只要存在需求，就一定有人提供相关的产品。另外只要有发行，就一定有广告市场存在，纸媒不可能一下子就消失。原来是一份报纸可以覆盖整个人群，只是现在纸媒发行量减少了，利润减少了，但是在较小的规模合理经营上还是会赚钱。我认为年轻人不一定会拒绝高质量的报纸或杂志，日本现在仍有发行1000万份的报纸存在。这是一种文化，也说明纸媒仍有相当的市场需求。

品牌公信力和技术人才是媒体转型关键要素

张桂萍：传统媒体长期建立的品牌和公信力怎么样延伸到互联网是个课题。2013年11月底发生在长春地区的地震信息传播就是一个很好的例子——地震的时候我有一个朋友刚好在长春，他们公司的一个房地产项目也因为地震暂时停工了，远在广州的我通过微博和百度查到最新信息后通过微信发给他，他非常重视，因为这事关他们公司工地重新开工的时间，也关系到他和家人的人身安全等问题，他立刻就询问信息来源，特别关心信息的出处是不是来源于传统媒体及其官方微博等。也就是说，人们面对重大事件，特别是直接关系到其生命、健康、财产安全，又有时间紧迫感的时候，会尤其重视信息来源，人们天然倾向于信任一直有公信力的传统媒体品牌。您怎么看待这个现象？

范东升：美国硅谷科技新闻记者丹·吉尔默（Dan Gillmor）写的《主动媒

体论》[①]就着重探讨了这个问题。丹·吉尔默也是网络新闻学和公民新闻理论的创始人，他认为网上的信息需要筛选，作为网民很难判断信息的可信度，所以媒体的品牌和公信力就显得很重要了。现在《纽约时报》的数字转型比较成功也离不开它坚持专业主义、维护其媒体品牌及公信力，所以保护自身品牌和媒体公信力始终是第一要务，在传媒转型的危机时刻更要守住品牌这个宝贵的优质资产。

张桂萍：传统媒体的拐点已经到来，有人预测，传统媒体尤其是平面媒体主营收入全面坍塌的时间不超过5年了。由于我国的传统媒体具有较强的意识形态属性，大多数是国有独资的股权结构，股权结构决定着人事体制，再加上媒体同质化、产业化瓶颈以及新媒体化路径等问题，有人认为在现有的格局下，一方面媒体主要负责人对传统媒体转型的路径选择至关重要，另一方面由于全世界都在摸索数字化转型经验，目前仍无可以复制的成功模式，中国媒体转型尤其需要一个大的方向，您对这样的说法怎么看？为什么？

范东升：现在国内外媒体数字化转型的方向和方法，存在一些明显的问题，也有很大的风险。我个人的基本观点是：数字化转型应该实现两个基本目标：一是媒体转型所运用的数字技术应该能提升它原有的品牌，如果不能加强或提升品牌，这种数字转型就是失败的；二是要看在这个转型过程中是否创建起新的经营模式。如果没有达到这两个目的，转型就是不成功的。

首先，目前国内报业数字化转型普遍存在的最大风险是品牌特色弱化，内容彼此雷同甚至低俗化——报纸网站为了增加点击率，随意转贴一些不合适自身品牌的内容，甚至弄一些低俗的图文放上去，这么一来短期内点击率是上去了，但原有的内容品牌丢掉了或弱化了。据我们对39家报业集团的调查，实际上报纸网站上原创的内容比例很低（在网站的文字新闻内容中，原创部分的比例平均仅为11.1%），国内媒体自创的网站很多都有这个问题。

其次，报业在经营方面也缺乏创新——几乎所有媒体建网站时都继续沿用办报办杂志的理念和经验，没有策划或创造一种新的经营模式，以为只要像搞报纸杂志那样去搞网站、搞App，免费拿去给人看，以后点击率或下载量高了，自然而然会有广告收益。有的报社搭建演播室，组建团队去做视频，

① 该书中文电子版由汕头大学长江新闻与传播学院翻译。http://g.yeeyan.org/view/2749

以为一周做三四个节目，放到网站上就可以了，实际上却更加入不敷出，无法形成可持续性的新的经营模式。

张桂萍： 囿于传统的经营模式，与其他传统媒体形态相比，这两年国内纸媒从高层到基层上下都有“进退失据”的焦虑感。您认为纸媒的生存空间和机会在哪里？

范东升： 传统媒体的主要收入一个是广告一个是发行，日本媒体的发行收入超过广告，对广告的依存度相对较低（只占35%），所以受到的冲击稍小，但欧美媒体发行收入非常低，广告占收入比重非常高，美国报业有高达87%的收入来自广告，这种模式在新媒体冲击下，就很吃亏。Facebook等新媒体一起来就把广告份额都拿走了，所以风险很大。中国报业的收入结构也比较接近欧美，广告收入所占比重比较大，2012年报社（杂志社）广告收入占营业总收入的平均比例为 66.7%。这样在纸媒的发行量和广告收入同时下滑时，潜在的风险就非常大了。

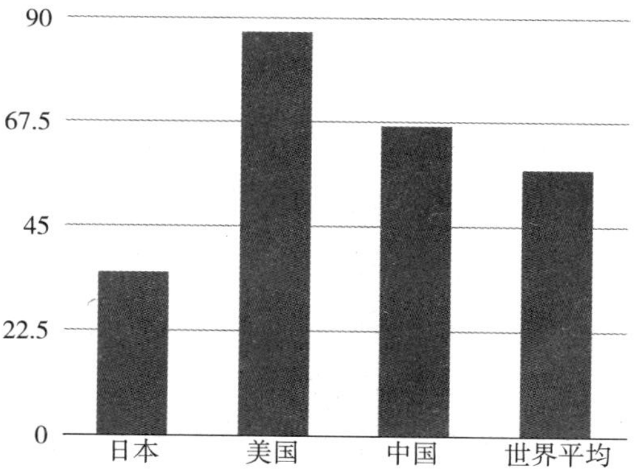

报业广告收入占比（%）

由于纸媒把内容免费放在网站上，原来传统的纸媒经营模式已经被自己破坏了，我们的读者根本不需要花钱去获得这些信息，这是我们这二十年来犯的最大错误，也是中外媒体包括《纽约时报》共同犯的错误。媒体现在普遍实施的多媒体制作、多平台发布、内容免费阅读等转型模式，力图通过最大限度吸引读者的注意力来增加收益，这个战略事实上二十年来没有奏效，可以说是失败的。媒体人原来以为只要不收钱，把原来的经营模式搬到网站上，有更多人去看，就有更大的点击量，就会有更多的广告进来，现在看来这个思路是完全错误的。

美国报业曾经做过调查统计，发现办网站后，网络广告收入的增长远远抵补不了纸媒广告下跌的幅度。调查发现，报纸纸质版广告收入每减少25美元，网络广告仅增加1美元收入。2012年美国报纸网络广告收入仍仅占广告总收入的15.1%，而报纸网站广告收入占数字广告总体市场的份额比例也在逐年降低，从2007年的15%降到2012年的8%。而在我国，2010—2012年网络广告收入占报社广告总收入的平均比例连续上升，但2012年也只有 6.3%。而在中国主要报业集团中，2012年网络广告收入占集团广告收入的平均比例只有3%，还远远低于美国同行的水平。由于过去二十年犯下的这个致命错误，现在，纸媒的广告收入持续不断减少，这个趋势至今无法改变。

那么纸媒转型还有没有新的思路和机会？我认为还是有的——只要媒体经营者和管理者勇于创新思维和经营模式。包括美国那些大的报社集团目前还是有实力的，无论是经营实力、各种资源还是专业水平，都还是相当强的。而且我认为，不管以后新媒体怎么发展，全社会未来仍然需要这种媒体专业机构和专业人士的专业运作，他们仍是不可替代的。

中国传统媒体的数字化转型主要阻力在“基因”

张桂萍：自2008年以来，作为现代报业发源地的美国和欧洲，发生了持续至今的近乎大崩溃式的报业变局，传统报业在世界上的地位忽然间变得岌岌可危。您于2011年出版的专著《拯救报纸》对此进行了详细披露。欧美报业危机近年已蔓延到中国，2012年和2013年报业经营开始出现恶化迹象。您怎么看待中国传统媒体转型的现状？

范东升：大约从2006年开始，美国传统报业意识到数字化转型的必要性，并试图加以推进。最初他们是瞧不起网站、博客这些东西的，到后来一些有危机感的报纸开始提出新的理念，组建新的团队，推出一些新的媒体产品——从那个时候到现在不到十年，西方报业尝试了很多方法试图进行转型，但现在看来，这些转型思路和举措虽然也有少数比较成功的个案，但总体来看可以说是一种失败，未能扭转报业快速衰落的不利趋势。据估算，在过去的十年间纸媒业广告收入下跌了一半，全球报业自2006年以来已损失其价值的39%。2014年预计还会继续下跌。

我们中国报业情形怎么样？事实上，政府主管部门在2006年便提出过“中国数字报业实验室”计划，以促进报业转型升级。国家新闻出版总署新闻报刊司委托汕头大学长江新闻与传播学院于2013年对全国39家主要报业集团2012年数字化转型情况进行了调查，现在调研结果出来了，可以比较清楚地看到：

一方面，各主要报业集团都已对推进数字化转型工作相当重视，采取了积极举措，有一定的资源投入，新媒体制作和运营方式在各报业机构已普遍有所运用，在经营模式创新上，也出现了南方报业传媒集团的全媒体集团转型战略、浙江日报报业集团的新媒体多元化经营模式、大众报业集团的报业资源重组模式等一些亮点。

另一方面，“数字优先”（Digital First）的出版模式还未得到普遍采用，数字产品制作及服务仍处于探索阶段，远未能成为报业支柱。2012年报业集团数字化新媒体业务投入占集团总预算的平均比重不高，仅为7%。数字化业务收入占集团营业总收入比重仅为4.3%。

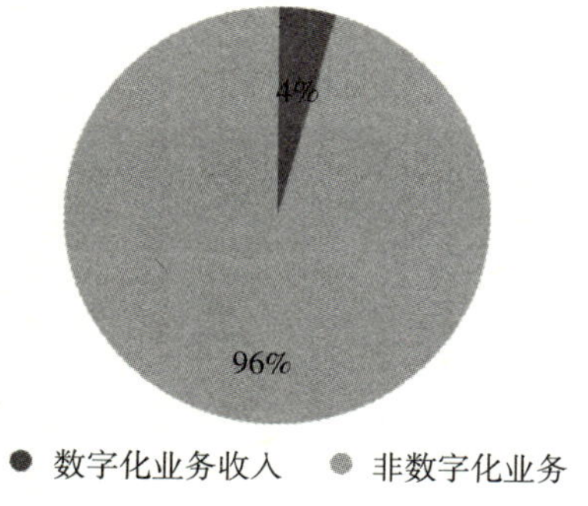

2012年数字化业务收入占比（%）

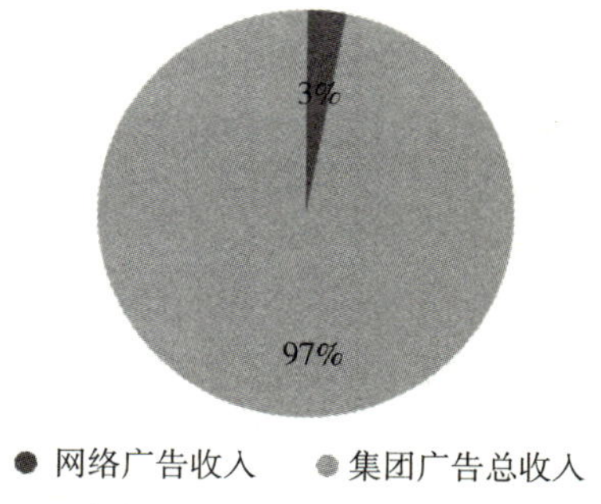

2012年报业集团网络广告占比（%）

二十年来，随着互联网的发展，海内外报业机构普遍采取的应对战略是多媒体制作、多平台发布、内容免费阅读，以增加网站点击量，从而带来更多广告收入。但事实证明这一战略并未奏效。网络广告收入无疑是报业数字化营收中关键性的一项，但美国报业经历了十多年的努力，2012年报纸网络广告收入仍仅占广告总收入的15.1%，远不足以弥补印刷版广告持续下跌的损失。

中国报业也一直采取了同样的战略，而2012年各集团网络广告收入占广告总收入的平均比例仅为3%。从单个报社数据来看，网络广告收入占报社广告总收入的平均比例虽然逐年有所上升，但2012年也仅为6.3%。

因此可以说，这种仅以 “博眼球”为目的而提供免费内容的办网站方式，迄今为止实际经营效果是非常有限的，在中国成功的希望更加渺茫。这种“白送”战略不但不足以真正实现转型和可持续发展，反而损害了报纸的品牌，破坏了原有的纸媒经营模式，加速了报业整体的衰落。

根据本课题组调查，我国主要报业集团2012年经营绩效方面出现危险的逆向拐点信号，反映出本行业在数字媒体冲击下经营风险在加大。据17 家报业集团提供的数据，报业集团平均广告总收入2012年同比下滑3%。广告总收入位居三甲的三家报业集团在 2012年分别下滑了9.3%、6.3%和 6.9%。报业集团2012年平均营业利润同比大幅下降29.4%。一半以上的报业集团2012年的营业利润低于2011年。从报社（杂志社）数据来看，2012年平均营业利润同比下滑达19.3%之多。从多方面数据来看，2013年报业经营状况仍在继续下滑，非常值得警惕。

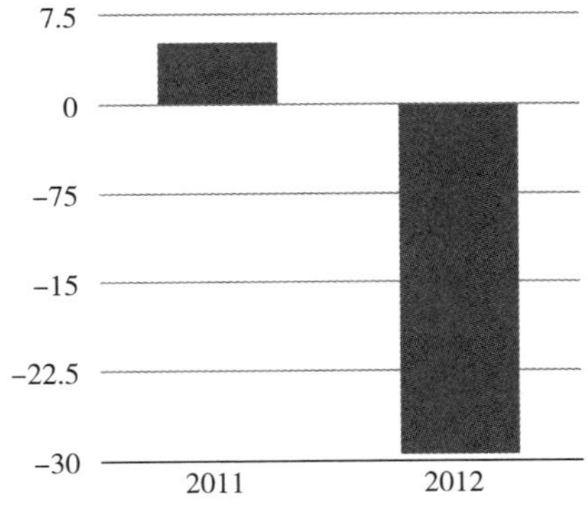

报业集团平均营业利润同比（%）

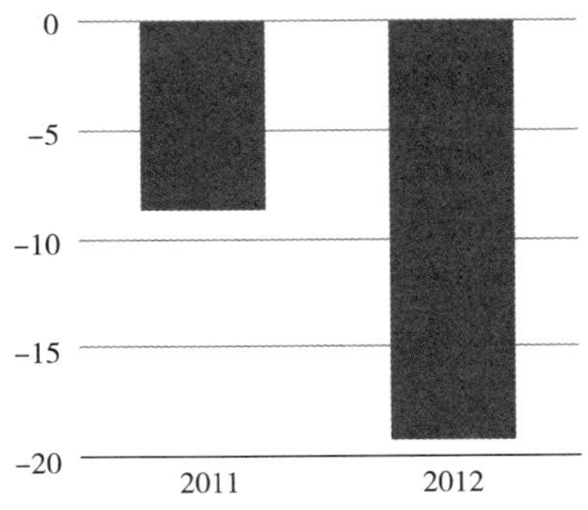

报刊社平均营业利润同比（%）

张桂萍：您认为目前中国的传统媒体数字化转型主要困难在哪里?

范东升：纸媒的经营理念、组织机构、团队素质和媒体文化等都缺乏互联网或新媒体的基因，因此转变起来就特别困难。不少传统报人仍对传媒生态大环境变迁熟视无睹，在他们看来，无论是互联网或其他什么新技术，最多只是平面媒体的某种附加物。这种固有的思维方式使自己在传媒技术变革的竞争中，一开始就输在起跑线上。

这从我本人的经历就可以知道。1994年底，我调任《华声》报（报纸对象是海外华人华侨）社长兼总编辑，由于该报当时亏损严重，1995年改成月刊杂志。1996年“因特网”这个新名词开始在国内媒体出现，我当时很快意识到网络可能是《华声》唯一一条生路，遂创办《华声》月刊电子版，从而成为最早的综合性中国新闻电子期刊之一。随着互联网的蓬勃兴起，我们当时决定与北美华渊网络公司达成合作协议。在没有得到任何立项经费支持的情况下，1998年2月《华声》实现与北美华渊生活资讯网合作上线，这项合作比后来四通利方与华渊联姻在中国建立新浪网还早了10个月。但在不少人眼里我是不务正业：“不好好搞杂志，搞什么网？”那时上边的一些决策者不知网络为何物，不明白上网有什么好处，甚至从未使用过电子邮件，根本不可能支持和投入。那时恰逢领导部门召开一次重要会议，为了争取获得理解和支持，我在会场外面摆上一张桌子放上一台电脑做“咨询”，希望领导们过来溜一眼，引起重视和注意，但结果却是徒劳无功。《华声》最后还是错过网络大潮到来的时机，不仅没有成为另一个新浪，反而在我1998年离开该刊两年后，完全停刊了。现在回想起来，如果当时得到有力的支持，至少给予足够活泛的空间，我们也完全可以变成“新浪”，也可以成立类似“新浪”这样的互联网公司，甚至可能做得更好，因为我们的团队实力强，更有媒体经验。

1999年，我受邀去纽约“解救”另外一家华文报纸——美国《侨报》。由于明白网络发展的重要性，我极力推动报纸网站的改版，并和华人企业合作创办网站项目。我虽是社长，但当时社内遇到的阻力非常大，即使我自己亲自去做，很多想法也执行不了，推进不下去，网络项目后来还是叫停了。我反被指责说“到底是来当社长，还是当（网站）站长”。当时编辑们没有上网的习惯，我在编辑部内不断强调，编版时一定要注意浏览、核查和利用互联网上的信息资源，但编辑们却有很强的抵触情绪，说“网上的东西不可靠，不能用”——这在一个互联网公司是不可想象的。在报社有很多条条框框，人们似乎很害怕改变，对新媒体技术有恐惧感，宁愿一切在原有轨道内日复一日地运行……如果没有勇于创新的思维，纸媒的转型肯定是非常困难的，即使有了钱，也不一定做得到，因为人们的思维瓶颈会阻碍和限制创新和发展。

张桂萍：2013年10月28日，解放日报报业集团与文汇新民联合报业集团合并成立上海报业集团这个中国最大的报刊集团，但总资产规模也只有208.71亿元人民币，而且中国一直有同一区域报纸数量多，同质化和恶性竞争严重等一系列问题，而美国动辄千亿美元资产的传媒集团近年都出现严重的经营困境。您认为未来中国传媒集团通过这种“合纵连横”或“一城一报”的市场格局，会不会给报业带来生机呢？

范东升：未来媒体的洗牌是必然要发生的，技术发展必然导致传媒行业整体性变化，所以“一城一报”应该是市场化的选择。总体来讲，“一城一报”会令报纸机构生存容易一些，现在汕头市就只有一家主要报社，活得很好谈不上，但维持生存应该是没有问题的。省内其他报纸也曾试图到粤东地区来办报，但地方城市容量有限，其他报纸加入竞争，生存会很困难。但像上海这样由政府主导两家报业集团合并，原来存在的问题就解决了吗？我看也不见得，可能旧问题没解决又出现一些新的问题。美国20世纪早已出现“一城一报”的垄断现象，但在新媒体冲击下，一城一报生存也很艰难，2008年报业危机后甚至出现“城市无报”的情况。从长远看，不管怎样洗牌，都需要在传媒集团内部推动数字化转型。否则规模和摊子越大，可能反而矛盾越多，包袱越重，效率越低，推进改革也会越困难。

张桂萍：财新传媒总编辑胡舒立早前接受我们采访时认为，中国传统传媒的转型可以依两种路径：一是建立现代公司制；二是党报转型成为由政府扶持的机关报，采取“收支两条线”。您同意这个观点吗？中国媒体目前总体仍缺乏退出机制，您怎么看？

范东升：“媒体退出”在西方不是问题，媒体办不下去就卖掉，没人买就退市或消亡。但在中国，由于历史原因和现实情况，媒体退出机制实际落实起来一直比较困难，因为中国每一个媒体后面都有支撑的后台和背景。这一次十八届三中全会提出市场在资源配置中起决定性作用，不知道是否适用于媒体界？如果真有哪家大报撑不住了，政府会不会管？我觉得至少一段时间内还是会管。但是如果由于技术变革以及市场与社会环境发生根本性变化，导致那些官方报纸读者越来越少，影响力越来越差，政府也没理由会永远支持下去，除非没有更好的东西可以替代。台湾国民党的《中央日报》最后是被马英九关掉的，他认为这个“党的喉舌”在发生巨大变化的台湾社会已经没有实际用处了。

张桂萍：您在《拯救报纸》一书中除了疏理回顾了美欧报业应对危机的数字化转型经验，还考察了数字报业测评指标体系。您认为欧美业界制定的“数字优先”发展战略，国内媒体有哪些东西可以借鉴？

范东升：传统报业原来一直是纸质版优先，2006年以来，特别是近一两年报业危机进一步加剧，美欧报业顺应传媒生态变化，努力摆脱平面思维束缚，这首先是一种认识上的提升。毕竟报业的传统经营模式已经破坏，已没办法再走下去，新的模式需要选择一些新的发展战略。英国《金融时报》和美国《纽约时报》等率先提出“数字优先”，但这不是一下子就能做到，因为要把报社的组织、资金、人力等资源往这方面倾斜需要一个过程。虽然国内报业还没有人提出这样的转型方针，但我认为迟早都要往这方面发展。因为趋势在那摆着，数字化是一个方向。谁更早提出这样的转型，更自觉地把资源转到数字化方向，谁就可能取得先机，就更容易生存下去。通过推广数字化产品，建立用户服务，取得新的营收增长模式，这是一个战略思维的转变，涉及人力、财力、经营方式等一系列调整与重组。比如一个新闻事件发生了，原来传统报纸在采访后要经过很多环节的编辑流程，要等到第二天才见报。如果“数字优先”，就应该第一时间在网站上发表，然后再抓印刷版作为第二落脚点，这是一个实操性的问题，传媒形态和传播过程等一整套产业形态都将为之发生改变。汕大课题组研制的“我国报业数字化转型评估指标体系”，是以《拯救报纸》一书中提出的有关报纸数字化转型的理论及系列衡量指标为基础的，目的就是对中国报纸数字化转型的整体情况进行观测和评估。①

① 参见范东升：《拯救报纸》一书第6章第1节“确立数字优先战略”和第2节“数字报业评估指标”。该书2011年3月由南方日报出版社出版。

张桂萍：现在读者对报纸的需求变得可有可无，年轻人喜欢通过网站来获得所需要的新闻和本地化信息。为了应对这一局面，美国排名第一的甘尼特传媒集团早在2006年就开始尝试在旗下各报建立“数字神经中枢”，把整个采编中心划分为数字部、公共服务部等七个功能区，取代传统的新闻编辑室和部门划分，网络业务被放在第一位，报纸反而退居二线；记者被要求文字、摄影和制作一专多能，并保持24小时全天候不间断发稿；报业甚至根据从用户反馈的阅读率决定哪些新闻故事深化或放在头条……这种用户驱动模式您认为前景如何？国内报纸照搬此类做法是否可行？

范东升：这实际上就是前面讲到的“数字优先”策略，传统报业只要确定这个大的方向，从传媒的组织机构和运行方式等就都要发生改变，这是全套的东西，各个环节的改变都是相互关联的，不能只解决这个问题不解决那个问题。归纳一下，报业数字化转型过程可以从八个方面来进行观察，即战略调整、资源投入、机构重组、品牌塑造、多媒体制作发布、数字化功能、用户管理和盈利模式创新。

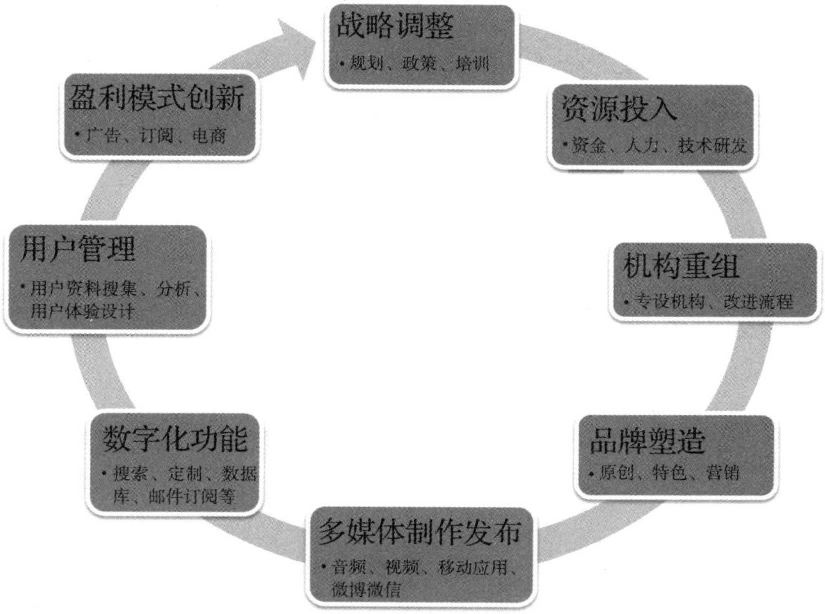

受访者简介

范东升 汕头大学长江新闻与传播学院代院长，我国著名新闻记者范长江次子。历任中宣部新闻局理论教育处副处长、中国新闻社专稿部主任、《华声》杂志社长兼总编辑、香港亚文公司副总经理、美国《侨报》社长兼编委会主任等职。主要研究领域：国际新闻、传媒管理、新媒体。

第五章

媒体融合的标志是获取和服务用户的成功

——传媒界人士谈媒体融合、商业模式重构和媒体人再造

关于媒体融合

张桂萍： 2014年被称为“媒体融合年”，《关于推动传统媒体和新兴媒体融合发展的指导意见》（以下简称《意见》）的出台，强调要推动传统媒体与新兴媒体融合发展，强化互联网思维，推动两者在内容、渠道、平台经营、管理等方面的深度融合，推动建成的几家新型媒体集团要具有强大实力、传播力、公信力、影响力。您认为这几个“力”各自的内涵是什么？它们之间有何内在联系？

范以锦： 进入全媒体时代，内容依然重要，但有两方面变化，一是“内容”自身的变化，传统媒体在融合发展中所讲的“内容”与过去已有很大不同，比如过去谁拥有独家新闻的内容，谁就能在竞争中取胜。今天的信息大爆炸时代，已很难找到独家新闻了。二是传统媒体介入新媒体的平台上所讲的“内容”也与传统媒体上说的呈现给读者的“内容”是不同的，新媒体上讲“内容”往往称作“内容产品”，强化了产品观念，强化了用户体验和互动。渠道、平台、管理很重要。内容再好，没有渠道、技术平台做保障，无法提升传播影响力，也无法实现良好的效益。

吴晨光： 我认为在互联网时代，影响力要体现在三个方面：一是影响了多少人。包括搜狐在内的几大互联网对用户的覆盖都是亿量级的媒体。二

是影响了什么人。像新华社的“动态清样”影响的是政治局常委级别的人，因为他们都看这份内参。三是影响到什么程度。一个媒体的强大实力应该包含几点，这几个力的关系既取决于稿件的公信力，也取决于资本占媒体的比重，毕竟媒体也属于具有商业属性的产业，所以内容和商业，两手都要抓，两手都要硬，因为这也决定了用户数量和商家的广告投放。比如腾讯微信，用户上去了，才可以搭载各种商业模式，各种商业模式都有想象空间。

易海燕：这里面有几层含义：一是新媒体集团与一般的互联网商业公司不同，它需要兼具社会效益、公共价值、商业利益，从这一点看，是传统媒体到新兴媒体的一种传承；二是新兴媒体正从边缘走向主流，在媒体生态中凸显更加重要的地位；三是更加辩证地看待“强大实力、传播力、公信力、影响力”之间的关系。在去中心化、社交化的背景下，有实力不代表有强大的传播力，有公信力不代表有广泛的影响力。

范东升：在几个“力”当中，我认为“公信力”最为根本，没有公信力，“实力”“影响力”最终都是空的。不仅在中国有媒体公信力的问题，西方媒体同样有这个问题。根据盖洛普今年的最新调查，美国公众对媒体的信任度（问题：“你认为新闻报道是充分、准确和公正的吗？”）从1999年（55%）起连年下跌，目前已跌到历史最低点（40%）。在这种情况下，美国媒体人也感到很大的压力，例如有的海外战地记者甚至质疑自己工作的意义和价值：既然多数公众根本不信任我们，我们为什么还要放弃在美国的舒适生活而冒着生命危险去从事战地报道呢？ 在20世纪80年代，中央领导人和主管部门总结“文革”的教训，曾提出宣传工作要“入耳入脑”的问题，那时已经认识到，报纸发表文章再多，广播电视上喊得再响，如果老百姓心里不相信不买账，宣传效果便等于零。毋庸讳言，在今天的中国，特别是在社会化媒体勃然兴盛的时代，“朋友圈”成了最密切的信息参照系，因此无论是官方媒体还是市场化媒体，在树立公信力方面面临着更大的挑战。不管你砸进多少钱，建立多少融合媒体的平台，一家媒体到底值不值得信任，这是由读者由公众说了算的，信誉如何最终将决定媒体人的命运。

周晓鹏：首先所谓媒体融合其实不是一个新的概念，也不是一个新的尝试。比如，之前无论是地处北方的《新京报》、地处中部的《潇湘晨报》、地处南方的南方报业，很早就力图将内容在报纸、网络，甚至电视平台上进行打通。南都很早就提出并推动全媒体记者的模式。因此我不赞同所谓2014是媒体融合年的说法。中国媒体尤其是市场化的报纸媒体其实很早就嗅觉到互联网给它们带来的挑战并开始进行应对的探索。

我觉得其实更应该思考的是，为什么在2014年所谓的媒体融合被进一步提出，甚至上升到了中央文件的高度？我认为其实真正的起点是在2009年。在我个人看来，新浪推出微博，让网络真正成为新媒体。之前的门户网站模式，从资讯的产生和传播的角度而言，其实不是真正的新媒体。因为资讯的产生还是编辑在做，资讯的传播还是“one to n”的模式，商业形态上也是“影响力+广告”的模式，在本质上，与所谓的传统媒体其实并无不同。而微博则彻底改变了互联网上资讯产生与传播的方式，让互联网具有了真正的新媒体价值。随后，智能手机和移动互联网的普及，则彻底让以微博为代表的社交媒体改变了网民上网的行为，也逐渐改变了大众对于资讯接收的渠道和需求。只有了解背后的原因，我们才能知道推动什么、强化什么、改变什么以及所谓的几个力的着力点在哪里。

我认为，实力、传播力、公信力、影响力虽然说法不一样，其实本质上没有不同，无非是根据评价的角度不同而措辞各异而已。根本上讲，还是一个媒体最核心的价值到底是什么以及这个媒体最核心的价值观是什么。如果这个问题没有弄清楚，投入再多的钱也未必意味着有实力、有影响力、有传播力。

曹轲：有同有不同吧，着眼点不同，着力点自然不同。交织融合中，可以并行不悖，可以递进互补，四力兼具是力争达到的最理想的状态。

张志安：这次媒介融合改革政策有重大意义。

首先，媒介融合是深化改革过程中的全局问题。作为中央全面深化改革领导小组第四次会议的主题，加快推动传统媒体和新兴媒体的融合发展，已经成为与户籍制度改革、司法体制改革、财税体制改革同等重要，关乎全局的重大问题。

其次，媒介融合是传媒转型进程中的最大挑战。互联网特别是移动互联网正在全面接管公众注意力，传统媒体的影响力开始被边缘化，越来越难传播党和政府的主流声音，新兴媒体的快速裂变式发展，大大强化了官方舆论场和民间舆论场的割裂，传统媒体和新兴媒体的融合是挑战，也很急迫。而且这是一个全球的问题，过去十余年，以高度市场化为导向的美国报业更是陷入发行萎缩、广告下滑、报纸倒闭、人才流失的严重困境，而且在转型和探索的过程中尚未有立竿见影、可供复制的盈利模式。而中国的媒体环境因为有政府政策和资金的支持，仍能呈现出一定的制度优势，但能持续多久，我相信大家都心中有数。

蔡伟：中央这次以高规格的规范文件就媒体问题给出指导性意见，这是过去三十年罕见的。另外，明确提出要推动建立几家具备强大影响力的新型媒体集团，这种最高层级的窗口指导也是罕见的。我个人认为，这反映了新一届执政班子对意识形态问题的思考，首先是意识形态的焦虑，这涉及执政权的安全；其次，传统媒体已严重不能适应当前的各方需求，这是在批评，过去十年我们好多国有传媒集团浪费了太多的时间和机会；最后，中央没有点将怎么搞，还需要媒体集团自己去摸索，但我相信，这种耐心是有限的，拿不出思路和实质性策略的，都很麻烦。

张桂萍：中宣部部长刘奇葆出席学习贯彻习近平总书记关于媒体融合发展重要讲话精神座谈会上强调的几个关键词也颇引人关注，包括一体化发展、互联网思维、先进技术、内容建设、机制创新等。新理念出自高层之口，您怎么看？能否解读一二？

范以锦：高层已比较清醒地看到，办新媒体与传统媒体是不同的，如果还是用办传统媒体的思维去办新媒体，等于又把传统媒体已有的困境再搬到新的平台上，很难发展。现在传统媒体办的新媒体与强大的商业门户网站比，无论技术水平还是体制机制都差距很大。因此，从国家层面来看，应从内容建设、思维理念、技术和机制创新方面进行综合考虑，传统媒体在与新媒体融合中才能实现突破。

吴晨光：传统媒体有公信力和强大的内容生产能力，而互联网思维首先是用户思维，能够更便捷地捕捉到用户特征，传统媒体和互联网媒体统一起来，就容易形成新的生产力。2014年搜狐网从顶层设计开始了全面改革，工作理念和流程都进行了彻底变革，以往的门户、频道等概念已为现在的生产、分发、端口、哨所、最终页等概念所取代。为了适应用户获取信息渠道和方式的变化，目前已全面完成了生产和分发流程的变革，形成了生产与分发两大环节：统一的生产端负责选取和策划内容，体现的是搜狐网的判断和价值取向，生产端就相当于一个“中央厨房”，提供的是成品和半成品；分发端则掌控着搜狐网所有的端口和渠道，处于分发端的各家“餐厅”会根据各终端客人的喜好和消费习惯来进行再加工，以提升用户体验和传播力。比如在搜狐新闻客户端上，一篇报道往往同时包含文字、图片和视频这几种表现形态，为了更符合用户在移动端的阅读习惯，搜狐网就重点打造了《数字之道》（即图解新闻）等栏目，以满足用户对可视化阅读的需求。所有这些努力，就是要努力使搜狐网成为“真正的主流媒体”。

易海燕：跟过去谈传统媒体的采编体系、发行渠道、经营模式相比，媒体融合需要更高的格局，也许就是所谓的“顶层设计”（本人怀疑这个东西能否真的被设计），同时也意味着面临更大的挑战。一定程度上，这样的融合是需要一定程度的“脱媒”，跳出媒体的框架，站在互联网的精神意识层面来评估和推动融合发展。思想决定行动，思路决定出路。

范东升：“互联网思维”是颠覆性的，其本质内涵之一，就是“去中心化”“平等交流互动”等等，这与传统媒体的运作方式有巨大区别，以往高度集中化的传媒管制体制也必须要相应进行调整。现在“互联网思维”出自主管领导之口，这至少反映出传媒领域的“新常态”已开始为高层所认识。

周晓鹏：首先我认为这些概念其实并不新，机制创新、内容建设什么的这些中央和宣传主管部门早就在很多场合讲过多次。对于所谓的媒体融合或者媒体创新，我认为此次中央高层提出的媒介融合，并不仅仅是推动传媒产业发展这样简单，而是从宣传与舆论掌控的执政战略角度提出的。随着互联网尤其是移动互联网，成为人们尤其是年轻一代在现在以及未来获取信息和观点形成的主要渠道，宣传体系所属的党报、电视台等渠道如果还停留在原有的模式，将会面临着信息传播能力、覆盖力、影响力下降的危险，进而无法实现宣传系统所赋予的对于社会舆论的介入、引导与把握要求。因此，高层认识到，需要对原有的宣传渠道进行重新构建才能满足新形势的要求，让高层所期望的主流信息为更多的受众所接触。

此外，提出概念不是难事，传媒界和互联网界各种概念层出不穷，更重要的是如何实践，以及是否真的有魄力去实践。其实所有这些概念，我以为最核心的都可以归结为：用户思维。我们的内容、产品到底是给谁看的，是为谁服务的？所谓机制、技术等等其实都是衍生于和服务于用户需求。其实在硅谷这样的地方，我们很少看到什么互联网思维、机制创新这样的口号，因为当搞清楚要做什么、做给谁、用户为什么需要等问题后，其实所谓的互联网思维等等都贯穿其中了。微博、Facebook等等应用不就是从技术上真正实现了跨越式的突破吗？而且更主要的是，它们都是基于对人的某种需求满足而产生的。因此，与其琢磨与解读这些概念，不如让我们回到我们最原始的价值和出发点去考虑未来该如何做。就像陈虻曾经讲过的：不要因为走得太远而忘记我们为何要出发！

曹轲：好消息，理当顺势而为，奋起有为。各家媒体的资源和境遇不同，创新能力不同，决定了具体路径的不同选择，但成功的形态一定不是单一的、单向的。

张桂萍：习近平总书记就媒体融合发展发表重要指示新闻出来的第二天，人民网、粤传媒、浙报传媒等传媒概念股纷纷涨停，说明资本市场和政府一样，对曾经庞大的传媒市场是有所期待的——资本市场期待“钱景”，希望传媒业有好的商业模式能“吸聚”到钱；政府期待中国媒体有“阵地意识”，“人在网上，阵地就应拓展到网上”。正在积极介入互联网的传统媒体和互联网媒体本身能形成强大传播力以担起“舆论阵地”护卫者的职责吗？为什么？

范以锦：“阵地意识”离开了传播力就无法实现。要强化传播力，当然与内容有关，要有更多开放性的内容，对社会热点要及时介入，深度挖掘和分析。这需要人才、技术等方面的支撑，但媒体目前日子并不好过，要筹集资金提升新媒体档次难度很大。如果媒体的资本运营不能形成良性循环，将会成为今后发展的瓶颈。浙报集团现在运作良好，其中重要的一条是资本运作做得好。

吴晨光：强大传播力和舆论阵地，首先要有好的内容，这一点无论渠道多强大都不可能取代，就像高速公路修好了，上面跑的是法拉利还是夏利差别就很大。比如搜狐早前对周永康事件的报道，就用一棵“关系树”把周永康案件盘根错节的关系网给直观地展示出来；又比如判断早高峰的什么时段发什么样的稿件传播效果才更好，搜狐也是通过用户和大数据分析才做到的，借助一些技术手段理解用户的行为和习惯，这是我们对互联网传播规律的把握。

曹轲：舆论场不是名利场，媒体圈不是生意圈。关联和波及，更多是因为外在环境的变化和同步的进步。新闻界不等于IT界，互联网不等于新媒体，交集交织之处，预示着更多的可能空间和媒体形态。因而，交流碰撞是融合的前奏，打通融合是一体的前提。

张桂萍：国家领导人的讲话，以及《意见》的出台，大型国有传媒集团是首先被期许的。过去一年多，上海报业集团旗下快速发展了三个新媒体产品：定位于中高端人群政经类新闻的“澎湃The Paper”、基于互联网金融信息服务平台的“界面”，以及以用户收费为盈利模式的资讯类深度阅读产品“上海观察”。另一个位于深圳的新媒体项目前海传媒也令人期待，但这些项目多属于引进巨额外来资本的“投资产品”；而南方报业、新华网等媒体推出的“舆情产品”则以内生力量为主。这是两种融合发展思路，对于受制于经营体制之困的传统媒体，您认为哪个更有借鉴意义？为什么？

范以锦：以内生力量为主的转型，属传统意义上媒体属性的转型。比如，南方报业以《南方都市报》全媒体集群为试点，设想对业务流程进行全面的升级改造。先从集成平台入手，把各种方式采集的资讯集中在统一平台之上，完成对资讯的调配、组合，然后通过各种介质传播，派生出多种满足不同用户需求的资讯产品，最大化利用资讯。提出建立全媒体的生产能力、形成全介质的传播能力、提高全方位的经营能力，目标是“建立现代型信息集成商、全媒体数字信息运营商、媒体和信息的混合运营商”。这种内生型的转型，希望从内部流程改造开始，通过技术手段倒逼工作习惯的改变。有影响力的媒体通过转型升级重构影响力，从理论上来说是一种设计相对完美的转型，但自我的改变总是一种非常痛苦和艰难的事，涉及整个治理结构的调整和现有利益格局的彻底打破。这种全媒体转型中有一个非常重要的前提条件就是体制、机制要适应市场化转型。

有的媒体（比如浙报集团）走的是一种外生型的转型，在原有流程之外重起炉灶，起用新人做新事，然后回来倒逼传统流程的改造。他们收购属于泛媒体范畴的游戏平台，花了30多亿元去做。通过游戏吸纳流量，将流失的受众请回来，并让他们在新的传播形态上“玩”的过程中可以看到新闻。另外，有了资金的积累，又会反哺机关报的发展，这将使主流媒体的地位越来越巩固。

哪种模式好？前者稳妥，后者风险大，但如果做得好，风险越大收益也越大。不同的媒体集团有不同的基础和环境，浙报集团上市了，有了强大的资本运作支撑，你有吗？因此，如何选择，必须从自身的实际出发。

吴晨光：不得不承认，“澎湃”面世后做了很多很好的报道，就像15年前的《南方周末》一样是很抢眼的，“界面”刚出来我们对它了解还不多，就“澎湃”而言，它的商业模式是很令人担心的，投资花光了，它靠什么盈利目前就完全看不出来，它的内容换取的媒体广告只是非常小的一部分，长此下去能否承担其运营成本是个问题，所以我们不能称之为一种“模式”。它与“今日头条”不同，今日头条的推荐引擎能根据用户的兴趣爱好进行个性化的精准资讯推荐，因而受到用户青睐。而南方报业等媒体推出的“舆情产品”对整个报业而言只是很小的一部分产品，所以也无从评价，但是“今日头条”对用户的吸引力，至少说明了把好的内容搬到好的新媒体上是很重要的。

易海燕：传媒集团突围路径并没有特别严格的非此即彼。南方报业与腾讯也合资了大粤网，目前为止也很成功。还是回到最初的着力点，谁也搬不起自己坐着的这把椅子。一方面报纸依然是营收现金牛，机制惯性很大，另一方面创新转型迫在眉睫。两种发展模式充分看出大家都很努力，两种模式都有机会，就看在体制机制上是否能够变革得更加坚决。这种突围需要勇气，更需要智慧。

范东升：不管是引进外来资本还是依靠内生力量，关键是能否成功地建立可持续的商业运营模式，制作出真正满足读者和用户需要的融合媒体产品。在政府行为的支撑下，不管有没有商业模式，照样可以风风光光办媒体，但肯定是难以持久的。

曹轲：任何方向的探索和努力都值得点赞，临危求变总比坐以待毙好，主动出击总比被动防守好。我更相信，这两种模式之外还会有第三种、第四种模式出现，超越其上、超越其外。

蔡伟：上海报业的情况比较复杂，首先它比其他城市的报业集团较早地跨入了产业衰退期，文新集团和解放集团合并为上海报业集团，本身主要还是财务因素。“上海观察”有隐性权力对价因素，其市场前景比较小；“澎湃”的核心是流量策略，这是商业模式的根本，目前情况下流量市场的竞争主要是入口，这个领域BAT（百度、阿里巴巴、腾讯）已经形成垄断，想挖掘存量价值是非常困难的；“界面”的商业设计有想象空间，但这个领域是高强度的资本竞争。我个人认为，接下来主要还是要并购，自己做，不仅慢，也不符合这个行业的规律，我相信裘新已在做此类布局，主要还是借助资本市场。上报集团这种资本驱动型模式比其余两个更有商业空间。

张志安：其实，很难说谁更有借鉴意义，实际上，不同传媒集团的媒介融合战略都需要因地制宜、各取所需。总体上看，大型传媒集团的融合必须在自身运营中寻找突破。组织机构、生产模式、营销模式都需再度优化。尽管现在有些传统媒体已通过房地产、酒店、创意园区、数字游戏等外围产业来进行资本扩张，但迄今为止内容领域上的转型还没有一家实现成功。因此，新媒体产业还是要靠新的传播技术和过硬的传播内容来满足受众。在媒介融合时代，传媒集团的新媒体策略要定位在内容满足读者、做传媒的集成者等才可能有出路。

关于媒体商业模式和运营

1. 用户服务本质：现在人类社会已从“物”的异化转为以“人”为中心的经济模式

张桂萍：目前就媒体融合发展而言，还没有成功的样本。人民日报社副总编辑、人民网董事长马利认为，媒体融合内容包括采编流程再造、组织结构调整、采编运营结合、用户关系重构、借助技术和资本市场启动融合引擎等，媒体融合时代不能像过去传统媒体人一样羞于谈运营，没有商业模式。她认为有没有形成自我造血和盈利机制，是判断媒体融合发展是否成功的一个重要标准。您同意这个论断吗？为什么？

范以锦：同意马利的看法。如果不能造血就只能靠本单位原有的积累支撑或政府扶持，传统媒体已经经营很困难了，哪有可能无休止地投入，也不能依赖政府拨款，虽有这种扶持但有限。如果媒体融合中不能出效益，说明还没有将用户黏住，黏住了会通过增值服务获取效益。没有良好效益，无法以良好待遇吸纳人才，也无能力进行技术升级，很难在融合中实现新突破。

周晓鹏：首先，应该说在中国目前还没有成功的样本。但是值得注意的是，在《纽约时报》宣布裁减100名采编人员的同时，VICE（VICE脱胎于加拿大政府出资创办，旨在解决就业和社区服务的杂志，私有化后通过对年轻人和亚文化的精准定位，目前已从一本单纯的杂志成长为市值20亿美元的新媒体公司。——编者注）却在宣布加强在全球数十个分部的力量。VICE从当年的一本杂志，到目前集杂志、网站、视频等于一体，并与HBO进行视频制作与播出合作，还成功运作NBA球星罗德曼赴朝鲜，俨然具有了内容制作、播出甚至包括部分公关公司的职能。

有没有自我造血和盈利模式，我觉得不是媒体融合是否成功的标准。因为对于市场化媒体来说，这个是基本的要求，而不是成功的标准。对于市场化的媒体来讲，其实过去的传统媒体人也并未羞谈运营与盈利。从最近21世纪的案子来看，媒体人对于运营与盈利不是强调得过少，而是早已经越界了。当然，对于《人民日报》这样的官方媒体而言，确实需要加强市场化角度的思维和标准考量。

范东升：非常同意。现在一些媒体机构投入巨资制作各类融合媒体产品，却从一开始就完全忽略对用户和市场的实际调查和研究，严重缺乏经营总体策划，不知道何谓"用户关系服务"，似乎相信只要不计成本地烧钱进去，点击量下载量上去了，广告收入有一天自然会上来。国内外的经验已经证明这是传统媒体的陈旧思路，是纯粹的空想。

吴晨光：马利说的没错，这样的媒体融合至少把《人民日报》和人民网的运营资源节约了，成本降了下来，但是除了广告，还有什么东西盈利呢？目前的盈利模式仍没看出来，在现今的媒体转型期，节约成本（节流）是好的，但开源在哪也要想办法。

易海燕：媒体融合关键是指跟谁融合，怎么融合。是不同媒介间的融合，还是媒介与用户之间的融合？是内容生产与内容二次加工之间的融合，还是原创内容与服务工具的融合？因为移动互联网已经颠覆了原有的生产方式、传播方式和价值链，找到这些问题的答案变得十分重要。互联网确实经常谈商业模式，但更重要的是获取用户往往排在商业模式的优先位置上。像

"今日头条""罗辑思维""一条"等媒体形态都是在商业模式并不明确的情况下出现，先努力获取用户，在发展过程中逐步探索盈利点。

张志安： 的确，能否重构可持续发展的商业模式是检验媒介融合是否成功的重要标准，不过肯定不是唯一标准。并非所有的媒体进行转型和融合的最终目的，都是为了获取商业上的成功。媒介融合需兼顾国家、市场与公众三者作为主体的利益诉求。具体来说，国家利益需要媒体舆论场体现引导力，这关系到国家社会稳定；商业利益需要媒体在激烈的市场竞争中存活；公众利益需要媒体发出民众呼声，履行社会守望者的职责。

曹轲： 这样的想法大致不错，但在于魔鬼细节，比如第一条"采编流程再造"就很容易打折扣，很难跳出报纸跳出媒体的框框，而且还在说"采编"，这就玄乎了。"采编"本身就是传统媒体的既有概念，新媒体内部的架构不可能这么简单划分，新媒体的生产机制和产品形态也不可能由此产生，接着讲到的"运营""用户"等概念，也容易似是而非，南辕北辙。所以，最担心的是只学到一半、学到皮毛，愿和所有的同行诫之勉之。

张桂萍： 媒体融合发展是传媒领域一场重大而深刻的变革。作为媒体融合先锋的浙江日报报业集团，其党委书记、社长高海浩称，传统媒体人"一直没有走出自我设置的误区，没有真正把媒体与用户的关系、内容与读者的关系搞明白"，他认为"要把服务用户、吸引用户、集聚用户作为内容创新的评价标准，作为办好媒体的出发点、落脚点和着力点"。您同意他的这个传媒转型思路吗？

范以锦： 读者观念是传统媒体的观念，我办报你阅读，读者处于比较被动的状态。互联网强调的是用户，用户始终处于主动状态。内容产品对我有用，而且免费用，直至用户体验到满意、需寻求更特殊的服务时才付钱。

曹轲： 同意高社长的判断，更佩服高社长的决断。用户也好读者也好，服务的对象变了，我们服务的思维方式，提供服务的能力和方式，必须相应变化。

吴晨光： 说的没错，但能不能完全迎合用户需求我看也是一个值得商榷的问题。媒体与别的商品不同，它具有"价值观"和"商品属性"双重功能，媒体是要输出价值观的，比如黄赌毒的用户规模就很大，如果全部去迎合用户那肯定是不行的。媒体打造主流价值观的同时也要考虑对用户需求进行引导。

易海燕：在移动互联网时代，注重内容价值、用户体验，这两者的优先级高于媒体品牌。适配不同屏幕的内容创新是基本功，就像手机端用户利用碎片时间阅读的文本形式、体量与PC端的文本形式、体量的需求是完全不一样的，所带来的体验也是不一样的。多终端的服务考验的是内容分发能力、终端产品体验感、场景阅读的差异竞争力等。因此，内容创新是其中重要一环，好的内容是刚性的需求，除此之外，产品创新、运营创新、体验创新、服务创新也非常重要。简单地讲，想象力比经验更重要。

范东升：非常赞同浙报的观点。这个观点与国外媒体目前经营理念的转变也相吻合。正如科技专栏作家Mathew Ingram所说："在数字时代，关键的一点是，与读者的关系是报业价值的核心。"当主要依赖广告的经营模式已经失灵，且在与新媒体的竞争中居于劣势的情况下，传统媒体不得不向数字化转型，并重新认识与读者、用户之间关系的价值，努力制作为读者、用户所愿意接受的产品。最近《纽约时报》把付费最多的VIP订户请到总部大楼，与总编辑直接对话，并邀请部分订户参观该报的头版制作编前会，作为一种对忠实订户的特殊礼遇。《华尔街日报》《卫报》等其他媒体机构也在开发数字产品的同时，纷纷建立多种形式的会员制，以努力加强与读者、用户的紧密关系。

张志安：的确，从提供内容转向提供产品、从面向读者转向面向用户、从售卖广告转向整合营销，是媒体转型的重要策略。传统媒体在融合过程中要深刻意识到，互联网信息、产品以及渠道正在快速蚕食传统媒体的注意力资源，既使其迁移到网络平台，又导致其碎片化和分众化。因此，传统媒体需要重新吸引用户、服务用户和集聚用户。因此，对大部分市场化的媒体来说，重新争夺用户的注意力资源是转型的关键挑战。

蔡伟：我认为浙报的整体思路是合适的，需要人才就去买人才，需要机制就去买机制，需要用户就去买用户，一手抓资本市场，一手抓利益变换，浙江人很务实，另外，商业互联网本身就是这样搞的，这没什么好说的。但浙报并购的边锋浩方集团目前还只能为其贡献营收和利润，对其商业模式创新目前还无法提供平台级支撑，这个设想可能需要进一步的并购，它还需要寻找更有价值的并购对象。

张桂萍：“存人失地，人地皆得；存地失人，人地皆失。”争夺用户，是媒体融合发展的关键。现在正在进入一个“互联网+”的时代，目前的传媒除了信息及信息搭载（即“内容生产+产品形态+渠道占有”），还有一个更重要的也容易被传统传媒人士忽略的一环，就是“联结”，即信息服务对象，获取更多“对象”（即用户），把信息进行“分众化”，采用大数据乃至心理学等跨学科研究方法提升对用户的服务品质才有经济和社会价值，脱离具体人需要的媒体融合，内容为王或技术、渠道为王都没有意义。对这样的观点和结论，您怎么看?

范以锦：早就有过“消费者是上帝”这种说法。对产品不满意或产品好服务不好，用户也会离弃。围绕用户的需求，内容和技术、渠道平台并举才能成功。

吴晨光：我非常同意你提到的这个观点。原来讲内容为王，渠道、技术为王，就像“主”字上面一定要一个“、”才能由“王”变为“主”一样。如果没有用户，所有的各种“王”都会大打折扣，这个“、”就是用户，所以找到用户并服务好他们，才是真正的“王”。

范东升：建议引进并运用“联结”（Engagement）这个新的概念，延伸的词组有“社区联结”（Community Engagement）、“公众联结”（Civic Engagement）、“读者联结”（Reader Engagement）、“高联结度媒体”（Engaging Media）等等。在国内互联网界，类似的概念有“提高黏度”这样的说法，但通常仅指增加读者在网站的停留时间等。但“联结”的含义更为广泛和深刻，它体现为媒体与读者、用户之间多方面的稳定、密切和互动的关系，而依靠这种关系，才能建立新的可持久的经营模式。而可惜的是，一些传统媒体机构历来只想要一些发行或者收视率的抽象数字，似乎越高越好，却始终不了解、不清楚甚至不在乎谁是他们真正的读者或受众，也不愿意投入资源去开发维护与读者、用户的关系，为他们提供实实在在的服务。

易海燕：这是从文本到人本的本质变化，即把以内容为中心的思路调整为以用户为中心的策略。互联网是人性的，区域网络平台更加需要人性的温暖与可信赖。我们以用户在现实社会中关联度为基础，组织和整合具本地化特性的事件、人物、言论，勾勒出人物关系的画像，对广东互联网的人本关系进行深入的阐述。我们都知道，南方报业一直有着极高的自主意识形态的生产力，包含着高度的智力和独特风骨。大粤网仍然要不断地重申这样的媒体价值，不仅给用户优质的内容，还给他们充分自由的选择权，这两者正是互联网的精髓。

周晓鹏：这个简单来讲就是这两年一直说的所谓资讯的个性化服务，让用户获得的内容更为精准，更为符合他的偏好，让用户在单位时间内能够获得对他们来说更大程度上的资讯价值，而同时服务提供者也知道自己的用户到底是谁，以提升服务的价值和竞争力。其实谷歌这一类搜索公司早已经开始进行这样的服务，有例子说当一个IT人士和一个家庭主妇搜索apple一词的时候，优先推荐的内容可能是完全不同的。很多网站也都推出“猜你喜欢”这样的板块。

这样的思路没有问题，当然对于实现优质的联结，从技术到产品都有很大难度。

曹轲：这是值得提倡的互联网思维，也是融合发展的目标和必由之路。说这一环容易被忽略，是客气的说法，传统传媒人士在这一方面有致命的欠缺，或者说先天的不足，要命的是很多人技不如人还目中无人。再造、调整、重构，还是自说自话、自我欣赏以及自作自受，为什么不能引入、开放、接纳？为什么不能自外而内、以新融旧？为什么一定是老树新芽、老屋重修？

张桂萍：《纽约时报》鼓励跨部门合作，零距离贴近受众。过去的新闻报道只要上了报纸，就能找到受众，但数字时代，媒体人则要主动去寻找受众。《赫芬顿邮报》在短短几年时间里受众总数超过《纽约时报》，是因为当传统媒体习惯“发表通常意味着报道完结”的时候，《赫芬顿邮报》的新闻发表却是一篇文章生命的开始——这种注重“运营”的思路在移动互联网时代成为有效传播的关键，对此您怎么看？

范以锦：有一些报道就是事件终结的反映，但有不少事件是在延续中的，受众对事件尤其是重大事件会关注其发展、关注台前幕后的背景，因此常做“文章生命的开始”的媒体会有更多追随者。

吴晨光：运营的思路确实很重要。搜狐就有一个团队专门对跟帖评论和网友进行运营，这一点网易做得好，他们号称“无跟帖不新闻”，对发表的新闻进行专门跟进，运营用户，把他们的意见收集起来，这对用户就容易形成更大的黏性。

易海燕：在今天我们与用户的关系发生很大的变化，核心价值就在于更贴近用户，在于有温度可信赖。从聚众时代的1.0到分众时代的2.0，再到开放时代的3.0，我们通过持续的进化来与变动的环境相适应。从前我们关心新闻的广度，今天我们更关心新闻的温度；从前我们关心内容是否可读，今天我们更关心内容是否有用；从前我们关心传播渠道的数量，今天我们更关心社群网络的品质；从前我们关心用户规模，今天我们更关心用户个体感受。我们要做的工作远远超过在1.0时代的原创采编工作，更在于连接人与人、人与信息、人与服务。

从内容运营特点上看，大粤网以互动为核心，综合运用投票、跟帖、微博、微信等互动社交工具，通过大事件联动网民、媒体、机构三方，整合构建UGC的原创精品，从而实现由互动运营出发的影响力闭环。最本质的变化，在于从信息分享到用户共振，与用户共同创造社交化、移动化、个人化的极致体验。

周晓鹏：首先值得注意的是《赫芬顿邮报》不是一份真正的纸质报纸而只是网站，而《纽约时报》首先是一份报纸。所以这至少决定了目前两者在内容运营上的差异点。其次，所谓“让新闻动起来”，是网络平台的特点，这里有交互性，可以不受时间和介质的界限，对于报道可以持续关注和随时补充，不断丰富，并且可以在这一过程中产生新的产品和思路角度。这是网络时代媒体保持和提升竞争力必须采用的一种操作手法。

曹轲：进行时、流动性、过程性，是事物的本来面目，是事件的必然过程，是信息的自然流程。顺流逆流都是流动，快进慢进都是节奏，远程近程都是程序。不承认、不面对、不贴近，难免吃力，甚至吃力不讨好，注定痛苦困惑。有感觉、有响应、有满足，自然一通百通，套用一句时尚语言，找到了痛点，做起来也痛快。

蔡伟：美国情况不一样，它的报业首先是生意，最后还是生意，我们放在整个TMT行业去观察，新闻业早已不是一件大生意了，商业模型已被摧毁。中国国内因为意识形态的定义，报业还有一定的价值空间，但也不是大生意了。我们很多领导同志尤其是一把手还沉迷于学习《纽约时报》之类的流程再造这些细节，简直是匪夷所思，现在首先应该关注怎样处理财务平衡、赚钱、养活组织，其次应该在新闻业之外寻找商业机会，不看到这个大势，必然头破血流。

张桂萍：凭借2008年美国大选报道一炮打响的POLITICO短短时间就成为美国时政新媒体的黑马，POLITICO网站短时间内声名鹊起首先在于它对用户的服务理念：在时效和流程上，记者报道发布的载体优先是网络，速度第一，图片、视频、文字组合方式运用在大多数报道中，记者利用社交媒体挖新闻、即时互动，突发新闻可以不经过编辑审核直接发布在网站上，编辑用幽默搞笑的视频解读政治新闻；POLITICO页面体验更舒服，更为简洁，更少干扰信息等都是为了强化用户体验。而国内媒体产品对用户体验却重视不够，甚至早前重金打造的上海澎湃新闻也因手机上的登录页面选择太多（光一个板块就列了四五屏）而广受用户诟病。您怎么评价以上这些转型现象？这种网络优先和用户优先的做法国内传统媒体可以借鉴吗？怎么实施？

范以锦：用户体验很重要。如果大家都在做同样的内容产品，方便使用者会胜出。即便有别人没有的好产品，但获取不便也会大打折扣。

吴晨光：对用户体验的关注是非常重要的。为什么苹果手机可以变得全球流行？据说在推出米色机壳的时候，他们就提供了1 000种可能的选择，这种把用户体验做到极致的无休无止的追求精神，是值得学习的。

范东升：网络优先和用户优先的理念和做法，在国外也花了很多年才为传统媒体理解和接受，而在国内的环境里，加上管制体制的因素，恐怕要花更多的时间。但无论如何，这是个发展趋势与方向。

周晓鹏：这个不是可否借鉴的问题，而是一个必然要去面对的基本常识和形势。其实自从微博推出以来，越来越多的报纸、电视等所谓的传统媒体在报道上已经明显发生了从传统介质到网络介质的转变。我个人把它称为“共同播报”，即把传统介质平台和网络介质视为同等重要的传播渠道，进行报道的组织和内容的传播。比如在马航370事件中，几乎所有的传统媒体都会把记者的内容优先在其微博官方账号上发布。当然这不意味着要忽略原有采编流程中对内容品质把控的要求。在马航事件中，包括“人民日报”等在内的有些媒体账号为了抢时间、吸引眼球，将虚假内容直接发布到微博中。

曹轲：用户优先确立之后，网络优先、速度优先、体验优先等等都是策略性的技术活了。传统媒体大多数做不到的原因之一，还是跳不出来，非要外部环境倒逼之下，被别人拎着脖子了，方有可能“倒立”起来。

张桂萍：2014年9月份，传媒人栾春晖发表《澎湃式的新媒体大跃进》和《解密浙报传媒梦工场》等文，认为“澎湃”项目不具备任何创新性，除了传播介质不同，其他方面如人员团队规模与收益、基本的内容生产流程、运营组织形式以及商业模式都是传统纸媒的延续，而大众报业、浙报传媒、南方报业等具有了市场面目，特别是浙报传媒，它通过投资边锋浩方等游戏平台赚了钱后，再投入传统业务的转型升级和传媒梦工场平台的发展上，这两类分属于“包养式”和“市场式”转型。您同意这样的划分吗？您认为哪种转型更值得借鉴和学习？

范以锦：不可否认澎湃已经做出了较大的传播影响力，但有传播影响力不一定就能做出市场效益。传统媒体原有的“做出内容影响力，以影响力获取广告”的二次销售模式曾带来良好的效益，但现在已出现了困境。如果把这种模式再搬到新媒体上，困境必定更大。澎湃未来的盈利模式是怎样的，我不太清楚。政府如果给资金扶持，当然是好事。给资金不如给资源配置，但政府的力量与市场的配置要相结合才能真正成功。不管哪家媒体，“包养”毕竟不是好办法。如果一味依赖“包养”，不建立自身的创新机制，最终也无法生存下去，那么这种“包养”也只能称作“临终关怀”了。

吴晨光：我认为媒体转型还是要围绕媒体来做文章，也同意栾春晖的说法，“澎湃”的商业模式是没有创新的。十八届三中全会就提出市场在资源配置中要起决定性作用，这也是市场经济的一般规律，传媒行业也不能例外，所以对传媒转型，我更倾向认同市场式转型。

周晓鹏：其实简单来说，就是转型中资本支持的问题，资本是来自哪里。我觉得至少目前说“澎湃”是“包养”模式并不准确。如果投入在这个项目上的资本是来自之前的媒体运营而不是政府投入，就谈不上“包养”。我个人认为“澎湃新闻”以及“界面”等，都是一个很好的尝试。有这样的探索总比不去探索要强。当然，“澎湃新闻”的项目目前尚未形成一个创新性的闭环，在采编流程上进行了大胆的尝试，但是在最后的商业模式上目前还不清楚，至少目前看来似乎还是“影响力+广告”的模式。但这样的话，澎湃是否可以实现盈利并做大做强就存在疑问。但“澎湃”一定是会按照市场模式去运营的。

浙报模式也是一种探索。就像一些门户用游戏业务赚钱来支持门户业务，或者中国很多企业都有房地产业务板块一样，以多元化模式，更清晰地从市场实现吸金。

这里面没有好与坏，没有“更”“不更”的问题，只有适合不适合。这是个选择题，而不应该是简单的判断题。

张志安：“澎湃”项目尽管很难说有真正的创新，但其意义和价值是显而易见的。澎湃新闻至少有三重意义：（1）打造移动互联网情境下的原创产品和新型平台，有利于主流媒体重建网络话语权和影响力；（2）实践有深度有思想的内容生产，有利于探索包括“策展”模式在内的新型生产机制；（3）投入资本和人力去做严肃新闻，在唱衰报业的氛围中提振了职业媒体人士气，有利于强化对新闻业的认同。

我个人主张，要宽容地看待“澎湃”项目。一则，暂时不赚钱没啥关系，不要急于赚钱。哪怕将来主要靠政府资助，如果内容有品质有价值，未尝不是一种公益化的模式。二则，稿件出现瑕疵很正常，成熟的报纸也会犯低级错误，何况刚开始做原创的互联网产品。只要善于总结，专业口碑依然可以有效建立。

不过，澎湃新闻会面临三个挑战——（1）收入模式：做原创综合新闻的移动新闻客户端，能否重建广告主导的盈利模式。（2）言论尺度：做政经突发或敏感话题，上海的舆论环境能否提供足够的报道空间。（3）阅读习惯：做综合内容的客户端，主打深度，能否在与商业网站客户端、主打速度的竞争中胜出。

曹轲：下象棋的人当中最会下围棋的人，就是我的南都同事栾春晖了。他的“道哥论道”，也是我经常看的微信公号。因为身处其中，他更能体会传统媒体难与外人道的苦和忧，当然也更能看到传统媒体自身真正的优和劣。他上面说的这两家，都很受关注，但实在都不好学，也学不到。左思右想，实在不愿意从术与道、圈与放这些角度划分转型方向和类别。总之，坐而论道还得起而行之，行动中的白猫黑猫，只能在行动见分晓之后，再来分一分胜猫败猫、好猫坏猫。

2. 什么内容为“王”？联结用户或主张恒定价值观的信息就是“王”

张桂萍：关于内容为王，早段时间郭全中博士和辜晓进教授分别撰文《旗帜鲜明地反对内容为王》和《内容的至上地位难以撼动》打擂台，上海交通大学媒体与设计学院教师魏武挥有针对性地写了一篇《内容为王？还是不为王？》的分析文章，魏不完全认同“内容为王”“好的内容永远有价值”这些话，他认为不存在什么所有人交口称赞的好内容，好的内容还要与需要的人有好的匹配才有传播力。范东升老师早前接受本刊访问时也提到“联结”——不与具体用户相联结的内容都不是好内容。您同意这样的主张吗？为什么？

范以锦：内容不是留给经营者自我欣赏，所以“联结”用户是至关重要的。不与具体用户相联结，可能出在内容自身不好，或者内容虽好，但技术、渠道平台差，在内容产品与用户中间出现了障碍。过去，我们经常说“内容为王”。在全媒体时代未到来之前，确是“内容为王”。进入全媒体时代，内容也很重要，但内容为王不是“唯王”。因此，就出现“渠道为王”“技术为王”等说法。

吴晨光：什么是王？什么不是王？我对以上三位老师关于这一点的争议和各自意见都只能部分同意。首先好的内容仍是极为需要的，好的内容要传播出去才是真的好，是不是一定要“匹配”才是好内容？我看不见得，比如对周永康事件这种公共话题，对最近王菲谢霆锋复合这种娱乐八卦新闻，我看很多人就很关注。所以在我看来，资讯应该分为两大类别，一是类似上面两种案例的公共领域话题，二是有服务性质的垂直领域话题，前面那种不一定要细分用户，后面垂直领域可能需要对用户进行精准推送才有传播力和影响力。

张志安：其实，这个话题要这么看，内容有两种，一种是用户要看的，另一种是用户应该看的。对于用户需要看的内容，关键看你能否满足用户，实现内容和用户注意力的匹配；而对于用户应该看的内容，就不应该只用市场标准来衡量，而要用公共价值来判断。

不过，多数传统报纸所坚守的“内容为王”，的确需要痛定思痛，需要深刻反思——因为他们所坚持的“内容为王”，有一部分内容是冗余的、重复的、肤浅的或者主观的，这样的内容没啥实质价值。还有一部分内容是有价值的，只可惜其价值正在被互联网等其他载体所替代。比如，国内国际时事，看新闻客户端快又全；本地时政，多数是宣传通稿，看政务微博吧；社会新闻，不看损失也不大，重要的事朋友圈会转发；娱乐八卦，电视和视频网站更生动；服务资讯，已被垂直网站数据化；调查报道空间太受限。报业管理者的确要自我追问，报纸内容为王到底“王”在哪儿？

我对多数报纸的内容转型，主要有这些建议：（1）党报做公务员的知识读本，主攻时政题材背后的公共治理经验，帮助他们读懂时局、终身学习；（2）都市报深耕社区和都市，本地、本地再本地，视觉、视觉再视觉，深度、深度再深度，强化策划、专题，注重情感和人文，优化版面结构，加快平台位移；（3）精英报（知识或财经）继续做高质量产品，但要快速建立数据库，提供精准服务。总体上，报业结构调整、退出僵死报纸，逐步减少版面和周期，探索市场化和公益化的双轨制。

范东升：“内容为王”只是一个口号罢了，各自理解不同。与市场上任何其他商品的生产一样，如果说是强调优质永远胜于劣质，这话肯定没错，但是“优质”也总是相对于特定消费者群体及其实际需求而言的。脱离了市场对象，没有消费者的需求，不能形成合适的经营模式和销售网络，“优质产品”也无法生存。特别是在数字时代，什么才是“优质内容”，本身也正在发生很多变化。例如报纸上一篇精彩的长篇深度报道，如果照样发到手机上，却未必适于阅读。因此对于“内容为王”，不宜做机械的理解。

周晓鹏：首先，如何评价“好”？谁来评价“好”？并不一定不被交口称赞的内容就不是好内容。有些内容也许和用户观点或预期不一致，但这些内容并不能说不是好内容，它们或许有助于扩展用户的视野和思维方式。

其次，“反对内容为王”“不与用户联结的内容都不是好内容”的说法可能更想强调媒体需要的是组合拳，而不能单纯再说“酒香不怕巷子深”。媒体不应该再单纯是俯视者，而应与用户站在一起。这些说法有其价值，但并不具有学术上的严谨性，倒更像是PR用语。

在我看来，在传媒生态中，内容永远是第一位的和首要的。否则就算联结得再精准，产品形式上再炫丽，推送渠道再强大，没有好的内容，这些也没有任何意义，也不具有价值的可持续性和可增长性。其次，在现在，更需要考虑的是，到底什么是媒体要做的“内容”？是一篇深度文字报道还是一组图片？我觉得现在需要把好内容的视角放宽：好的内容不应该再只是指以往的文字或图片或视频内容，而应该从产品的角度来定义，今后的媒体应该做的是内容产品。一个好的内容应该具有内容上的知识增量、视角增量或情感增量，同时应该具有适应多种媒体平台的不同表现和传播形式。

曹轲：这几位都是我敬佩的传媒专家，不敢说有啥错，王不王的都有道理。问题是现在王道之外有霸道，而且还占了市场、占了上风，其中还出现了横扫天下的霸王。长远之道，或者说真正的王道，个人以为是“合适的新闻”“合适的内容”“合适的产品”“合适的服务”，内方外圆，内圣外王。

张桂萍：美国财经科技新闻网站Business Insider，倡导“原创+聚合+趣味性”，直接服务于那些对财经内容和理财资讯感兴趣的人；另一家科技新媒体网站The Verge则专注技术新闻和产品评测，内容覆盖前沿科学、泛科技文化、商业和设计，两者都是以“精准内容”定位于精准的分类人群，国内社交投资网站雪球创始人方三文（网易前副总编辑）也是以这样的理念建立了社区——据称其旗下的“优质用户群”成了护城河，从而与腾讯的“自选股”、东方财富网股吧以及万德、同花顺等数据产品区隔开来。这三家企业的做法对我们传统媒体融合转型有什么启示意义？

范以锦：有两条道路吧！一条是大量地吸纳用户，不管什么样的用户都吸纳过来；另一条是“精准内容”定位于精准的分类人群。从目前来看，两条道路都有成功的。

易海燕：我们可以从中看到媒体的发展趋势。一是媒体概念进一步泛化，有效、有趣、有用，不仅仅满足阅读的需求，更进一步注重服务化和工具化。一些垂直媒体型业务向工具化应用转移，向交易型业务下沉，比如房产垂直领域推出针对职业顾问、经纪人的联动应用服务。二是媒体与社交相结合，个性与圈层逐步分化聚合，UGC内容为主，形成去中心化的媒体“蜂巢”，它使得组织结构更加真实、精准、稳定。

曹轲：各有各的活法，大而全、精而准，在难以两全的情形下，可以依据自身的条件和外部竞争环境，各执一端并做到极致。当然，这背后不成功的一大批追随和模仿而不能超越和存活者，也各有各的死法。他们成功的模式和思路可以借鉴，对做惯了大众媒体的人来说，恰恰易学难精，易懂难通。

张桂萍：早前因为“获取不应该获得的信息”（用户隐私）让彭博社面临广泛的信任危机，但它的用户并没有因此打算弃用彭博，用户黏性来源于彭博提供的资讯和服务稀缺且不可或缺；上海“界面”等国内一些新媒体项目也沿袭彭博社的商业模式，把自己定位为媒体外还要成为一家咨询机构和情报数据库。除时政或理财领域外，国外媒体也开始发力其他服务领域，如《纽约时报》在移动设备上推出“Cooking”等服务性数字媒体产品，“Upshot”则将智能分析、写作、数据可视化与个性化相结合。每个领域都离不开大数据开发和对细分领域资源的深挖，您认为互联网企业与传统媒体在这方面有没有合作空间？为什么？

范以锦：传统媒体与新媒体各有自己的优势和劣势，可以合作实现共赢。

易海燕：大粤网在三年的发展历程中，真切感受到了互联网信息传播从共享到用户间的共振的变化，强化并力求深耕的运营理念是有价值的。因为以大数据为基础，发挥出整合效应，能够创造出更大的用户价值。2012年，大粤与中山大学传播与设计学院联合推出了《2012广东网民直觉调研报告》。这个报告历时4个月，对36万名网友观念容忍度进行了跟踪研究，深入分析网友行为模式，发现用户的偏好，并从中挖掘具社会价值的正能量。

在这个报告中，我们发现“直觉”是影响网络舆论的重要因素，这很大程度纠正了我们对用户画像的“直觉”判断。面对突发争议事件（模糊信息），网民更可能使用“直觉”在第一时间做判断，并且互联网放大了这种效应。因为争议新闻后的网友评论大部分是直觉性的，而非理性分析。其次，“网民直觉”类型可以有效预测网民基本态度，包括事情可以容忍的程度（容忍度）、将来变化的可能性（将来趋势）和他人与自己看法的一致性（对他人看法的预期）。而专业眼动分析则表明，人们在阅读新闻时更关注“身份标签”和“伤害”“群体”“公平”等“直觉性道德推理”相关词语。

比如，我们发现“愤怒”是网民在面对争议性新闻时的绝对主导情绪（高达61.5%），但与人们通常以为的不一样，并不是简单的不公引发了网民愤怒，背后真正起作用的是“群体”这个直觉。

举两个例子。在含有投票调查的新闻中，最让网民感知到群体的新闻排名第一的是《广州地铁四号线一列车高架桥上故障突逆行》。该新闻的群体直觉所占比例为56.94%。地铁的故障是与本地居民息息相关的事件，人们对它的关注度较大，而且直觉感知上，人们会首先想到地铁的故障严重破坏了社会的稳定，使人们感觉生活在一个不安全的社会，因而对于社会整体治安的感知度较大。而最让网民“愤怒”的是《深圳轿车碾过女童脚掌　看一眼扔200元就跑》，这让人回忆起去年（2011年）小悦悦的悲剧，因而事件存在死亡启动；加之女性与儿童这两个元素都是这个社会的弱势群体，所以，一旦其受到伤害，就容易引发人们的愤怒情绪。

报告对这个颇有争议的话题也做出了数据对比。调查表明，线上线下的公众舆论具有一致性，网络意见与现实民意有趋同性。但现实中人们意见没有那么极端，而是更包容，也更乐观。

当我们把这些有价值的方法论应用到用户的行为数据、关系数据分析中时，我们意识到，用户不只是需要某种资讯和服务，更重要的是他需要与他认识的人分享这样的资讯和服务，也就是我们所说的“关系”。经过十多年的互联网进化，我们已经从一个熟人的社会变成陌生人社会，同时，陌生人社会在当下又没有真正的陌生人。目前已经到了收集数据的黄金时期，如何整合这些数据成为我们未来发展的关键任务。信息传播、用户信息消费以及技术在目前的背景下已经进入无缝融合阶段。

曹轲：生产数据新闻，用数据生产新闻，这种互联网反哺报纸的生产方法，在南都2014年6月开始的版面优化中展现了明显的效果。但这并不能成为互联网企业与传统媒体合作的方向，像彭博社的例子一样，用户隐私及行为数据有价值，公开或者直接地使用于商业目的，得不偿失，因而对所有的互联网企业都是大忌，道义法规也难以容许。可以合作的是平台，可以借鉴的是技术，可以嫁接的是用户，让传统媒体的资源和能力提高使用效率，从而提供合适的产品和服务。

张桂萍：已有一些媒体在这方面进行探索实践。最近杭报集团就提出了构建“以现代传媒集群为核心平台的城市生活服务商”的目标定位，以“用户”为中心打造全国一流的新媒体细分市场，北京北大方正电子有限公司总裁杨斌认为，传媒产业转型有一个切入点，就是对垂直领域的大数据服务。每一个行业或地域都可以是一个垂直领域，把垂直领域的事情做好也能够产生价值。互联网时代是一个小圈子、强关系的时代，在小圈子和强关系的时代，媒体转型也可以去关注一些社群细分领域的服务关系，比如一些行业记者依托自己多年的资源和专业知识积累在某些细分领域（比如教育、户外、老人健康等）拓展用户群，同时依托媒体集团强大的技术力量进行整合提供用户服务。这种转型思路您认为是否可行？

范以锦：为用户（包括机构和个人）量身定做，提供特殊服务，也是获取收益的一条路子。传统媒体有一支知识面广、分析问题能力强的专业队伍，转型中可充分发挥他们的作用。

蔡伟：这很难，除非媒体能够取得垄断性数据资源，这需要与本地政府进行对价，这在伦理上是有问题的。比如，交警给你媒体的新闻客户端全部接口权限，且通过你的客户端交罚单，不用扣分，政府这样玩，要被骂死的，在互联网上搞权力土围子是倒退，我不认为地方政府会走入这个坑，走进去大家都弄一身臊。如果真要介入垂直互联网领域，你会发现凡是有油水的地方早已被人插满旗子，晚了，比如搜房、焦点、汽车之家，他们的专业程度早已超过了传统媒体集团。我们没机会，真觊觎该领域的利润，只有一个办法——并购。

吴晨光：关于传统媒体转型，我们可以先回顾一下旧事。《北京青年报》是北京地区最早告别邮局发行的报社，它组建的小红帽发行网从发行报纸到转为快递，到把发行网络变成强大的信息物流，还通过与IBM合作建立信息服务平台，获取几十万上百万的读者用户信息并进行数据分析和数据挖掘及服务工作，十几二十年前的媒体前辈都可以做到这一点，我们今天做媒体的还有什么办法不能去想？毕竟传统媒体已经积累了庞大的读者群。不过我们需要留意，虽然微信最早在这么短时间内很快强大起来是基于QQ多年积累的用户基础，但两个产品的一个共同基因都是利用用户奔向“社交交朋友”这样一个共同目标才能进行转化的。阿里巴巴推出的“来往”失败，是因为用户到阿里巴巴是来买东西的，不是来交朋友的，把用户转到另一个需求上不一定那么容易。阿里巴巴和新浪微博的合作也存在同样的问题。两个产品方向不一样，目的不同，新的商业模式与原来的用户基础就不一定能匹配成功。

易海燕：未来的互联网方向更加地开放，连接一切。主要的方向有三种：一是社交化方向，通过社交网络、圈层运营满足用户的某一细分领域的需求；二是互联网连接传统行业的方向，满足在一个垂直领域互联网化的行业、企业需求；三是硬件连接的需求。

范东升：相信这样的转型思路有很大的潜力，从这个角度看，地方性媒体有很大的优势。但做好就不容易了，其难点在于究竟如何将媒体资源（例如行业记者）与技术力量相结合。

曹轲：可行，而且动作要快，要精耕细作，要借助传统媒体在区域和行业现有的优势，细分再细分，精耕加深耕，打造出一个个小而美的小圈子，打造出一群群合又分的自媒体。现在各家媒体对这方面的动作是认可的、包容的，但如果没有总体的规划、持续的支撑和专业的运营，很多动作小而散，容易自生自灭，过把瘾就死，就像很多媒体都在做的App客户端，命运跟当年的电子版数字报一样，难逃困境。

关于媒体人再造

张桂萍：媒体融合涉及“顶层设计”和“媒体人再构”的问题，国外同行如《金融时报》等已不存在所谓新媒体部门，他们所有的记者编辑都必须向全媒体方向转型！但目前国内大多数传统业务和新媒体业务仍是两个“山头”，甚至新媒体业务之间也相互孤立、各自为政，如果没有“顶层设计”，原有的利益格局就不能打破，组织结构也无法调整，“媒体人再造”也会成为空话。您同意这样的论断吗？您的建议是什么？

范以锦：两个“山头”目前无法完全融合，毕竟做新媒体与做传统媒体是不一样的。但内部资源应通过一定方式进行整合。

吴晨光：把两个“山头”融合那是必需的。首先，传统业务和新媒体业务如果价值观不一致，就很难进行资源互动；其次，对重大新闻的判断，只有融合才能统一；再次，在组织架构上，融合后的运作成本也会更低。过去搜狐是按移动端和PC端来划分，2014年开始我们按内容方向来划分，比如财经、金融、体育、健康等等领域，不再区分移动端和PC端，而是以中心生产厨房的方式对各垂直领域进行再生产。另外我们也有专门的数据云部门抓取用户信息，并以大数据分析对我们的新闻分发提供实时支持，用户对哪些资讯感兴趣，什么时段传播效果更好，等等，我们都可以根据获得的数据支持进行内容分发和在不同终端进行推送。

周晓鹏：当然如此。其实我认为以后不应该再有什么传统媒体与互联网企业这样概念的区别。一个成功的媒介融合首先要做到的就是把脑海中的传统媒体、新媒体这样的概念去掉，不再存在这样的区隔。

其次，任何企业在转型过程中都要面临阵痛，有对新局面理解的困难，有利益变化带来的冲突，有自我否定带来的心理不适，等等。过去越成功的企业在转型中越困难，越痛苦，也越有可能面对失败，比如诺基亚。

以新浪从2009年以来的从网络媒体向网络公司的转型经验来看，成功的转型必须实现理念共识、组织架构支撑、考核标准对应、人力资源的匹配。

曹轲：所言极是。被动防守，各自为战，既有的资源优势无法转化，眼看着一点点陆沉，新建的数字产品平台无根无本，渐成脱节的孤岛，这是通病，也是隐患。说到底，还是惯性思维，路径依赖。不过，人很难改造再造，对媒体人用到"再造"这个词，还是感觉怪怪的。

蔡伟：现有格局下，从社长到普通记者，其实都是间接受雇于政府的职业经理人，老板是政府，它是产权所有人嘛，对于这个老板来说，传媒在它的经济利益总盘子中已经是很小的部分，但是在它的执政利益总盘子中还有地位。老板才不会关心职业经理人的所谓转型问题，它真要做，市场上到处都能找到合适人才，它干吗要和你苦口婆心呢？传媒行业的首要问题就是产能过剩，组织和商业模式的创新都需要先消减产能。所以说，传媒组织转型和传媒人转型是两码事，传媒人不一定需要转型，转型的成本也是很高的，甚至是不可能的，你会八项全能了又怎样？行业都完蛋了，你的对冲有价值吗？退出这个行业也许更明智，尤其是年轻人。

张桂萍：除了技能转型，随着新闻报道对大众影响力的消解和分散，现在传媒人还有价值重建的问题。员工价值都没有了，谁去帮你在乎用户价值？作为“喉舌”，媒体过去是政治的延伸，又是一个商业机构，在市场红海中既要与同业竞争，又要与互联网媒体竞争，而一个人要把事情做好是要用“内驱力”的。您认为现在媒体高层应该如何解决这个问题？

范以锦：为达到某一个商业目的，而将媒体和媒体人的价值消磨，即便能获一时之利，也不可能长久。我过去曾说过，人要有人格，报要有报格。要想走得更远、更好，媒体人的职业理想追求、专业精神的磨炼是不可缺失的，经营的艰难不能成为我们放弃的借口。

吴晨光：做一个媒体人，给自己服务的机构优先供稿是天经地义的，作为专业媒体人，你花的是机构提供的资金和信息来源，就应该首先为机构提供服务；作为媒体高层，首先要面对这样一个事实：新技术的发展提供了无限可能，原来的组织管理制度不一定完全适应新时期，所以也要与时俱进进行调整了。特别是对从业的媒体人，如果像以前一样限制和控制员工，他们的价值感是无法得到最大实现的，你也无法限制住员工往外发展的可能性。一个好的报道出笼了，机构帮助员工（作者）获得100万用户点赞显然比限制他们更有意义。我的意见是，只要不是反党反社会主义，就应该鼓励员工开展包括自媒体在内的自由发展，员工的知名度上去了，对机构的品牌知名度也会有所帮助——帮助手下成就自我也能反映高管的气度和胸怀。

曹轲：凭借既有的专业能力，如果不足以维持职业的体面和行业的尊严，动作难免会变形，心态难免会失衡。因此，必须控制焦虑不安的情绪，激发出创新创业的新活力，提供更多的平台、机会和动力。南方都市报采取的一个办法是，在积极开拓各种跨界合作的同时，建立起内部创新孵化机制，拿出整层楼1000平方米的场地和3000万元的资金资源，打造“ND蜂巢”，首批6个创新项目2014年9月底入驻。按照南方报业传媒集团莫高义书记的说法：“进一步发挥南都报系优势，有效整合采编、传播、市场资源，突出重点，争取打造几个既叫响又叫座的移动产品。”

张桂萍：最近，财新网推出《有偿沉默和新闻寻租》专题，把近年出现的21世纪网、央视八套、央视记录频道、央视“大管家”郭振玺及著名主持人芮成钢等“涉事”媒体及媒体人一网打尽，也把著名的“达芬奇案中案”、阿里巴巴向新闻主管部门举报《IT时代周刊》、“口碑互动”删帖生意等放在一个专题里进行了全面梳理和披露，认为“无论是前期的‘新快报陈永洲事件’还是近期的‘21世纪网事件’在业内并非最严重”，新华社也存在“有偿新闻”或“有偿不闻”现象，新华社上海分社就刚刚公布终止与交通银行的合作协议，退回后者尚未执行的合同金额350万元……资深媒体人朱学东呼吁“媒体不能把敲诈当新商业模式”，财新传媒总编辑胡舒立则认为“对今天中国的复杂性，既不过度高估，因为所有正在发生的事都发生过；也不过度低估，因为每次复杂性都不同。中国处于一个前所未有的大时代，前景巨大又无比复杂，有很多阴暗面。这个大时代还会持续很长时间……”对这些近期密集暴露出来的媒体业界存在的问题，以及对胡舒立等人的评价，您怎么看?

范以锦：有偿新闻、有偿不闻和新闻敲诈，是不同性质的问题，前者是职业道德问题，后者是违法犯罪。有偿新闻、有偿不闻做多了就从量变到质变，而且它们之间并没有一条不可逾越的鸿沟。是道德还是违法犯罪，往哪里靠，并没有明显的界限。媒体单位和媒体人还是要高度警惕，别因眼前的利益把机构和自身的职业生涯废了。

张志安：传统媒体的确面临着双重困境：一是生存困境，如何重新探索可持续的盈利模式，继续保持收入和利润的增长，现在看起来，的确越来越难；二是伦理困境，如何在转型过程中坚持专业精神和伦理底线，不进行有偿新闻或者有偿不闻。面临生存困境，如果缺乏良方，就很容易突破伦理底线去谋利。这一系列现象都直接反映出新闻业伦理缺失的问题。

比如，越来越多的都市报，正在采取“大事业部制”，让采编配合经营，给广告商提供从创意、策划、活动、营销及软文投放等一条龙服务。一个不可回避的事实是，事业部制给报纸的利润增长和收入增加创造了机会的同时，其负面效应相伴而来。这使得采编部门和经营部门之间的“防火墙”被拆了，当记者服务于经营的时候，一定会伤害新闻的独立性，会影响新闻的品质和新闻专业的伦理。因此，传统媒体必须坚持“防火墙”机制。

在退出机制不完备、监管体制存漏洞的当下，分类管理还不能解决市场化媒体生存问题的情况下，建议根据媒体性质的不同进行分类管理。对于党报来讲，以财政托底，更多面向公务员群体，做成公务员的知识读本，帮助公务员进行终身学习。不过，党报市场也需要考虑政府财政支持和价值回报的问题，建议要逐步减少版面、缩小规模，保持高品质的同时也适当压缩成本。对于市场化的都市报纸来讲，应逐步走向市场，整合资源，加大营销，如组建面向读者和大众的生活服务公司等，以谋求更多的财源支撑主业。如果无法真正支撑自己，则应该采取必要的机制进行淘汰，使其退出市场。

不过，归根结底，解决新闻伦理的问题，一靠立法规范，用法律的手段来惩治敲诈的问题；二靠体制改革，让媒体分类定位、分类运行，公益的归公益，市场的归市场。

吴晨光：我完全同意舒立的观点。其实在现今时势下，除了财经媒体，所有媒体都要直面畸形发展观的客观现实。所有事物都不是孤立存在的，都有其背后客观存在的复杂性。中国目前缺乏很牛的媒体，我们的应对办法是，一旦发现搜狐从业者有不法行为，轻则开除，重则移送司法机关，我们搜狐2013年针对有偿删帖和有偿刊登就进行了专门的整治，由于目前中国没有《新闻法》，很多媒体和报道存在灰色地带，管制不严的话，这些灰色地带就过去了，一严很多问题就浮现了。如果法制不完善，人治太强，就容易出现这种局面。但不管怎么样，我们搜狐非常欢迎举报，读者和网民发现任何问题都可以给我们写邮件反映。

范东升：对“媒体人再造”问题，由于纸媒文化惰性、官媒属性和体制性障碍太大，我感到不容乐观。顶层设计、结构重组、全员培训、有序推进数字化转型改革，这是较理想的途径，否则就只能诉诸市场淘汰和退出机制了。但寄希望于新闻教育，培养适应数字化时代的新一代媒体人，实属当务之急。

周晓鹏：复杂性可以用来解释目前的问题，但不应该成为这些问题发生的理由。商业上的压力应该成为媒体寻求新商业模式的动力，但不应该成为做有偿新闻和有偿不闻的理由。

具有讽刺意味的是，媒体总在讨论坚守社会底线问题，媒体总在批评政府和官员的腐败问题，媒体总爱揭露娱乐圈的潜规则问题，但事实上这些问题很多媒体自身也天天在“明知故犯”。早前为媒体人被抓呐喊的新闻因最后的事实被当成笑柄，但如今这个笑柄几乎属于所有传媒界。

Google的口号是“不作恶”。这个看起来简单的目标，在中国传媒界却显得如此遥远。Google创始人的一封信中写道："不要作恶。我们坚信，作为一个为世界做好事的公司，从长远来看，我们会得到更好的回馈——即使我们放弃一些短期收益。"

当然，做简单的道德指责是容易的。其实更重要的是如何让媒体的价值实现内在的新增，实现自身的"鲸鱼化"而不是"鲨鱼化"。这也是我们讨论媒介融合的根本原因所在。

受访者简介

范以锦　暨南大学新闻与传播学院院长、教授、博士生导师，曾任南方日报社社长、总编辑，南方报业传媒集团董事长。

吴晨光　受访时担任搜狐网总编辑，现为移动新闻资讯应用“一点资讯”总编辑。曾在央视、南方周末、中国新闻周刊等媒体任职，2009年“亚洲杰出出版人金奖”获得者。

张志安　中山大学传播与设计学院院长、教授、博士生导师，新闻学系主任，中山大学全媒体研究院秘书长。主要研究方向：新闻生产及新闻从业者、新闻传媒的数字化转型、新媒体与社会转型等。社会兼职包括国家互联网信息办公室特约研究员等。

蔡伟　上海徽投董事长，曾于多家媒体集团任职，2003年于求是杂志社参与创办《小康》杂志，2006年于文汇新民联合报业集团创办新民网，历任副总编辑、首席战略官，2013年创办上海徽投，现任多家媒体集团顾问。微信公众号“伟哥日报”。

易海燕　现任腾讯·大粤网执行总裁。从事互联网行业十余年。2010年，任南都全媒体·奥一网首席运营官，负责奥一网产品、市场及经营。奥一网在该年度首次实现盈利，并推出一系列南都移动产品。2011年6月，参与创办腾讯·大粤网（gd.qq.com），大粤网在当年实现盈利，迅速成长为广东地区最大的城市生活网络平台。

范东升　汕头大学长江新闻与传播学院代院长，中国国内早期知名传播学研究者之一，教授。曾任中宣部新闻局理论教育处副处长。创办《华声》月刊，1997年与美国华渊网合作创办《华声报》电子版，是中国最早的媒体网站之一。1998年任香港亚洲文化公司副总经理，1999年赴纽约任美国《侨报》社长兼编委会主任，主要著作有《传播学原理》《拯救报纸》等。

曹轲　南方报业传媒集团副总编辑、集团新媒体公司总经理、南都报系总裁。

周晓鹏　新浪网总编辑，美国哥伦比亚大学访问学者。曾任中国首批国家重点网站之一的中国日报网站市场部副经理、环球在线总监和总裁助理等职务。作为中方协调人，参与组织过三届“北京—东京”中日政府及媒体高层论坛。

第二部分

创新传播篇

第一章

媒体融合的关键是思想先行

——“首届媒体融合发展及投资高峰论坛”综述

2014年11月29日，由羊城晚报报业集团等主办的“有容乃大——首届媒体融合发展及投资高峰论坛”在广州羊城创意产业园举办。十多位来自学界、业界、科技界、投资界的实践者和思想者们，与现场300多位传媒业界和企业界的同人分享了各自观点。这场专注媒体融合和互联发展的思想盛宴，既探索了传媒发展的新趋势、新思想，也有接地气的解决思路探讨，为当前的媒体融合发展探索了新思路。

传媒业已进入“乱众媒体”时代：议程设置权利已转移

北京大学新闻与传播学院胡泳教授认为，中国过去三十多年来一直在发生持续的边缘革命——继农村联产承包责任制、个体经济、乡镇企业、经济特区四大边缘革命后，正在快速发展的互联网是一场新的边缘革命。而且这种边缘革命从根本上是以两种路径进行的，一种是由政府自上而下发动和引导的改革，一种是由草根阶层自下而上自发进行的改革，而且这种革命正在从边缘走向中心。

具体到媒体行业，从英文media的中文翻译就可以看到这种趋势：英文media在中文里可以翻译成“媒体”和“媒介”两个词，但是互联网技术和信息传播裂变发展到今天，媒体事实上已没有“体”，只剩下“介”。概括来说，传媒业已呈现四个“不是”：

一是“新闻不是新闻”，因为新闻在今天已经变成不能增添价值感的大路货，新闻在社交媒体上已被重新定义，新闻生产已从过去的一个专业变成今天的一种活动。

二是“媒体不是媒体”，现在的新闻已经可以不借助于媒体直接闯入公众意识，信息议程设置权已从过去媒体的手上，转移到公众当中，媒体的定义也由原来的一种特殊的产业部门或者是经济部门，变身为有组织的廉价分享工具。

三是“记者不是记者”，现在任何人都被赋予了自出版的能力，每个普通人越来越成为彼此的基础设施，很多人现在已经习惯在社交媒体上通过熟人分享信息、了解世界。

四是“受众不是受众”，传统意义上的受众很多时候已变成“授众”，信息分享和传播的主体已发生了反客为主的变化。过去被当成商品看待进行二次售卖的受众，有了决定性的转变——不能以用户为中心，没有社区，不能提供有竞争力的黏性服务，这样的传媒产品基本上不可能有前途。

所有这四个“不是”，导致大众媒体在今天已转变为“乱众媒体”，而一旦媒体把权利让渡给用户，权利的丢失将一去不复返，一些新闻和信息议程的设置权利将再也不可能回到媒体身上了。

当新闻不再是一种专业内容活动的时候，所有的一切都将是关于对话的。技术激进主义分子科里·多克托罗称：“交谈是王道（Conversation is king）。”内容只是谈判的那个事而已。

传媒转型的关键：媒体老大要大幅提升技术敏感性

现在都在急于转型的传媒业，是一个什么样的整体局面呢？多位演讲嘉宾都提出，传媒集团层面整体缺乏有技术背景的领导，成为困扰传媒业发展的关键。

北京拓尔思信息技术股份有限公司总裁施水才提出，媒体转型面临的问题不是媒介，而是组织的转型，组织的转型比媒介的转型更重要。因为整个传媒界正在从一个信息技术的时代过渡到数据驱动的时代，未来发展的核心可能是数据、软件以及一些新的科技对原来商业模式的突破。媒体产业和新媒体首先是技术驱动的，媒体要想为“王”，首先就要想到技术、数据和组织。现在全国很多媒体单位号称要“利用先进的技术流程提高生产力”，但不少媒体老大缺乏技术敏感性，更进一步来说，如果媒体单位领导仅仅把技术当作一种工具，那肯定是不够的——媒体融合和转型除了这个“标配”还要“有思想”，睁开眼睛看同行，闭上眼睛想自己，结合自己的资源，在花钱配置人力调动资源前，应该“兵马未动，思想先行”，是否有能力有魄力深度思考一些结合自己优势的创造性媒体产品，在现今这个时候，尤其显得成败攸关了。

施水才特别提出“本地服务”的转型方向。毕竟，直达用户和大数据已经成为新时期媒体新的生产方式和生产要素，未来所有的生意都是数据的分析，新闻的未来也是分析。如何结合自己多年积淀的资源优势生产数据，创造工作路径，智能匹配信息，这也许是各地方媒体转型的方向，也是媒体业的未来。但是他也提醒，传统媒体在向互联网方向转型时要避免两大误区：一是过于相信品牌延伸的力量，二是太相信融合的力量。事实上，媒体单位在转型时一切都要与自己的实际资源和具体情况相结合才能“有力量”。

ZAKER总编辑叶伟民2014年6月才到聚合性新闻信息客户端公司ZAKER，算是转型了6个月。他到了ZAKER第一天就是跟机器做朋友，“看它到底怎么理解我，给我推送什么东西”。与机器做朋友后的切身体会是：“未来是机器和数据改变的世界，从传统媒体人转变为一个懂技术、数据和智能计算的媒体人，在未来是一个‘标配’。”

个案探索：“内容、用户、产业”三融合

国家行政学院高级经济师郭全中博士在演讲中称，现在已经进入产业大融合、产业互联网时代，这个时代的特点就是“创意为魂、技术为本、产业为载体”。他认为，与以前专注于内容和广告不同，现在的媒体强调生态系统的构建，强调跨界、O2O，强调服务，而实现这些目的的核心，是创立以“技术、产业、资本”为要素的合理的商业模式。只有这样，才能实现媒体融合、抢占意识形态新主阵地的目的，从内容、经营、管理上满足政绩工程，弥补传播功能的缺失，满足广告主的需求。

本次论坛主办方代表、羊城晚报报业集团管委会主任刘红兵的观点是：必须从顶层设计出发，探索推动传媒与资本、传媒与科技的融合发展，壮大传媒集团实力，增强传播力、公信力、影响力。

1. 内容融合策略。以导向把关为核心，以全媒体指挥中心建设为抓手，实现多元内容生产的融合。羊城晚报集团全媒体指导中心以媒体转型和多业态发展方向为主导，集信息采集和综合处理、多业态编辑、多业态过程控制和发布管理、互动反馈功能于一体，在机制上保障纸媒和新媒体共享资源、分工协作，让记者编辑更高效地进行新闻采集、整合、编辑、发布，记者在为晚报供稿的同时，为微博、微信和网站提供即时新闻、动态新闻，24小时不间断地发布新闻，最终实现“用户在哪里，我们就覆盖到哪里”。

2. 用户融合策略。以新闻信息云储存和数据搜索分析技术为支撑，有效整合原有平台资源和记者、版面等采编资源，建设符合移动媒介传播规律和适合用户需求的新媒体平台，扩大在移动终端的覆盖面和影响力。快速扩大融媒体矩阵规模，除了集团目前官方微博和微信公众帐号，按照细分人群、细分行业的要求，建立了针对特定人群的网站群、有20万粉丝的微博矩阵和已拥有16个账号的微信矩阵等传播产品，重点是家庭、城市中社会精英和90后新生代三大用户板块。《新快报》成功推出针对都市白领用户的客户端——“轻报纸”，形成了法人微博、微信公众账号和客户端三位一体的移动传播布局。

3. 产业融合策略。“以园区聚要素，以产业促融合”，以羊城创意产业园为主品牌，实施“一园三区、产业关联、分步推进”的开发建设战略，目前羊城创意产业园已聚集100多家创业公司和上市公司，羊城晚报社原址大院及广东增城园区的土地物业资源，也引进与自身转型方向相匹配的特色新型产业园区。以三大园区作为媒体融合发展的产业承载平台，通过开展大数据服务、创业孵化服务和设计应用服务，深度介入互联网、移动互联网、物联网产业生态圈，以构建园区新兴传播和孵化应用的两大特色。

新传播时代：要过滤噪声干扰做“思想者”

现在的经济趋势，包括传媒业，都要“移动比特，而不是原子”。飞速变化的比特，正在衍生出一个已经拥有6亿在线消费者的巨大的互联网黑洞——在很多传统媒体人还在为“内容是不是王”焦灼时，互联网已经推动传媒业、通信业和IT业一起有机融合变身为信息服务业，“互联网+”正在持续颠覆金融业、房地产业以及交通、物流、零售、教育、旅游、通信等产业。具体到曾经辉煌超过十年的传媒产业，媒体出版、广告营销等都面临“不变就死”的临界点，按胡泳教授的说法，你的传媒生意“要么数据化，让传媒生意跑在数据上，要么死亡”——从这个意义上说，互联网正在快速倒逼传媒变革，而且是基于技术基因的变革。

具体来说，因为整个互联网工程是消费驱动的，虽然波及的顺序有所不同，但现在很多产业都在一个一个被网络化：第一波波及的是传统媒体，这就是为什么现在的传统媒体处于一片焦虑之中。而且媒介的定义，在社交媒体上已有所改变，整个媒体的定义不再是一种特殊的产业部门或者经济部门，而是变成了有组织的、廉价而又全球运用的分享工具。在今天的很多场景当中媒体已经解散，更多的时候变成了一种传播介质，回归到作为介质、分享工具的形态而存在了。然后涉及的是广告业、通信业，面对民众正在大量使用的各种即时通信，传统的运营商现在变得非常惶恐。

第二波将冲击物流、零售、餐饮、旅游等，就是现在很多人讲的所谓O2O领域。

第三波将来到更沉重的地方，比如制造业、金融、房地产和能源业等——互联网的深度影响，正在对整个社会的产业结构发生这样一波一波的推进和演进。

在这样一个整个发展格局和不可逆转的趋势面前，刘红兵认为，作为“精神产品的专业打造者和传播者”，传媒机构打造的传媒产业要区别于其他商业和产品，首先要在信息泛滥、思想缺失的时代做一个清醒和清晰的资讯把控者，把自己转变为思想传递者和服务者，要让用户感受到：当资讯满天飞的时候，媒体提供的资讯产品要有提供清晰的数据整理，有用户需要的思想启蒙、社会问题的判断路径，有专业人员对社会现象、社会问题的看法等基本特质。

暨南大学新闻与传播学院院长范以锦教授认为，现在媒体融合最大的困境就是双向销售问题，“我们严肃媒体以内容为王，以做内容影响力来影响二次销售，改革后如果还是延续这种二次销售模式肯定会失败。”澎湃新闻产品总监孙翔提出，澎湃新闻在体制内，如何利用体制的优势去避免劣势，这才是我们最大的难题。

北京拓尔思信息技术股份有限公司总裁施水才在发表题为《大数据和媒体融合创新》的演讲时称，现在媒体行业正在发生的两件事要特别关注：一是跨界。现在移动互联网的创业非常火爆，行业外的人打败传统会是常态，要明白百度、Google这样体量的互联网企业，当初就是用新的商业模式，用他们新的服务和连接，来换取广告打败传统的。媒体人要明白，这样的跨界具有巨大的破坏力和生产力。二是如何开辟新的战场。因为现在，媒体业转型所要构建的商业模式非常重要。事实上，颠覆就是创新，原来的大数据、云计算刚开始被提出来的时候，还经常被人当作炒作和笑话。到今天，在这种颠覆式创新面前，我们开始重新定义媒体，因为现在政府在媒体化，企业在媒体化，个人也在媒体化，人们举起自己的智能手机就可以发微博、微信，就可以传播正在发生的任何事物包括正在召开的论坛内容，整个社会都在全媒体化。媒体行业还作为一个独立的产业存在吗？在类似这些颠覆式的疑惑面前，我们每个媒体人都要思考“再出发”的问题。

浙报集团总工程师、传媒梦工场CEO蒋纯也认为，媒体的未来是在于数据和服务。蒋纯很赞赏羊城晚报报业集团以羊城创业产业园这样一个园区，作为“再出发”的平台和窗口。他认为传统媒体用户现在是大量流失了，应该也只有通过资本的手段，才能迅速把用户数字找回来。他建议媒体人，特别是媒体高层，要懂得通过资本的方式获取最新的互联网的创新理念，从而明白这个世界到底在发生怎么样的变化，产生了什么样的新东西。他说技术让世界变得非常平，使得大国和大企业利用外部新规则，与我们来抢夺同样的市场。但个性化又让这个世界变得不再平，而且个性化的东西会随着长尾的出现，越来越容易显现出来。与过去传统媒体都是去满足最中庸的用户需求不同，新媒体时代要去创造更专业的细分媒体产品，要勇于亮出自己的个性和观点，要去创造更多的亚文化社区，一些个性非常张扬的媒体人比如罗振宇、金错刀等的创业项目，就是凭借自己的各种观点赢得一大批受众的。

腾讯T4技术专家、数据平台部精准推荐中心总监李勇早前发表了名为《腾讯大数据平台与推荐应用架构》的演讲，他说腾讯的月活跃用户已达8.3

亿，他还列举了腾讯旗下几个重要产品的月活跃用户数，微信为4.4亿，QQ空间为6.5亿，游戏月活跃用户过亿，而且腾讯针对所有用户的数据分析已经能做到始终“不落地”，即全部进行实时处理。他承认，数据平台体系化是应用基础，数据应用商业化是价值导向。比如腾讯旗下大数据平台的核心模块之一，实时计算平台TRC的应用场景就包括：

社交——实时感知好友的动向：“大家在玩什么”。

电商——实时统计商品的热度：“各种商品分别受什么样人群的欢迎”。

游戏——实时预测用户的感受：“连续多次失败的用户，受挫感较强，有流失的风险”。

营销——实时感知用户兴趣变化、环境/位置变化、商家优惠策略变化，从而实现精准营销。

运营——实时感知每台机器、每个接口、每个业务的运行状态，实现秒级监控警告。

经过超过十年的沉淀和积累，以BAT为标志的三大互联网公司已可以支持百PB级海量数据的存储和计算，有黏合力的“铁杆”用户数也动辄过亿。在这样的竞争格局面前，传统媒体的转型必然要回避“体量”的正面角力，转而在自己的优势领域下沉上面做深度文章。

另外在大数据背景下，媒体的未来在于“个性”“服务”和“参与感”。由于连接造成媒体的根本转变，一些实业越来越像媒体，比如小米越来越像媒体公司，就在打造自己的媒体。作为媒体单位和媒体人，无论被动还是主动都必须介入服务业，让用户有参与感事实上就是一种服务理念。在中国传媒变革图上独树一帜的浙江日报报业集团总工程师、传媒梦工场CEO蒋纯根据自己对媒体行业产业链的研究和理解，认为“参与感”将是未来受众为媒体买单的重要因素，他说：“世界因科技而变平，但因人文将再起波澜；每一条物理的连接，都需要人文的精神去连接。”

第二章

在云时代媒体融合更要接地气

这场探索传媒发展新趋势的媒体融合论坛，是同日举行的“第四届全球移动互联网博览会暨创业大赛”分论坛，与当日150个中外项目团队PK大赛、创业项目路演、新品发布和创业沙龙等活动不同，“有融为大——首届媒体融合发展及投资高峰论坛”专注中国传媒业，由羊城晚报报业集团、广东省新闻学会、中山大学传播与设计学院联合举办。论坛探讨了媒体融合如何与技术创新相结合，如何把新媒体的好产品与资本对接，如何构筑传媒集团的新媒体项目与政府、行业组织、投资机构以及企业界相融合——搭平台、聚资源、促融合，成为首届媒体融合和投资论坛的新亮点。

本次论坛既有思想的盛宴，也有接地气的传媒融合之路的探索和展望，10多位来自学界、业界、投资界的实践者和思想者们分享了各自观点。羊城晚报报业集团管委会主任、广东省新闻学会会长刘红兵谈到关于媒体融合三个关系的思考，北京大学新闻与传播学院教授胡泳，国家行政学院高级经济师郭全中，浙报集团总工程师、传媒梦工场CEO蒋纯，北京拓尔思信息技术股份有限公司总裁施水才，四人分别就互联网趋势、传媒走向和国家政策、人文和投资以及如何用大数据推进转型等做了主旨发言；暨南大学新闻与传播学院院长范以锦，中山大学传播与设计学院院长张志安，ZAKER总编辑叶伟民，澎湃新闻发言人、产品总监孙翔，高沣投资管理有限公司创始合伙人蔡锋，达晨创投广州公司总经理舒小武等七位业界精英以沙龙讨论的形式，与现场来自全国各地的300位传媒界人士进行了有针对性的分享和交流。

国内外传媒现状：传统收入下滑VS机器人写稿

按国家行政学院高级经济师郭全中博士的说法，一直以来，传统媒体擅长于内容而短于互联网技术。如今，更有被远远抛在技术之后的危险：当前互联网快速迭代发展已非常迅猛，移动互联网在继PC互联网之后分别以微博、客户端、微信等形式出现，变革大潮一浪超过一浪；内容竞争之后是产品竞争，产品之后是平台，而现在已经进化为商业生态系统层面的竞争。

在郭全中题为《新趋势与媒体融合》的发言中，有几个数字值得关注：一是截至2014年6月底，中国的国民有一半已经是互联网网民，数据高达6.32亿，移动互联网的网民数为5.27亿，已经超过PC互联网的数量。一方面，许多年轻人一有空闲就掏出手机玩游戏、看资讯、在社交网站上和朋友们分享聊天……年轻人很少手持报纸或坐在电视机前，移动互联网已经成为了新的舆论阵地；另一方面，传媒业从采编到经营再到技术，出现骨干员工成建制的大量流失局面，甚至包括部分传媒创始人。

不过，在技术驱动的媒体生态格局下，好消息并没有绝缘传媒产业：根据中国新闻出版研究院的最新数据，尽管市场主体的几个传媒集团的地位并不理想，但2013年广东省的新闻出版产业在各地区总体经济规模综合评价中，仍居首位；另一方面，尽管许多人改变了自己的信息接收习惯，纷纷往新平台和设备上转移，但民众对信息的需求和对好内容的需求仍只增不减，按短短三年就跻身硅谷顶级VC公司之列的Andreessen Horowitz（简称AH）公司创始人Marc Andreessen所说，媒体行业会裂变为原来的10—100倍。信息消费及生产模式已经在发生巨变，在内容呈几何级裂变涌现的同时，新商机也汹涌袭来。

继基于技术优势短短几年就成长为今天赫赫有名的全球互联网大报《赫芬顿邮报》后，美联社2014年也开始与Automated Insights合作，采用机器人写作的稿件，据悉去年机器人写作了3亿条消息，雅虎、三星、微软也都在使用这种人工智能基础之上的人工生产内容，全新的媒体生态系统正在形成。

技术决定趋势：互联网从边缘变为中心

因应互联网的这种趋势，特别是传媒业的发展趋势，北京大学新闻与传播学院教授胡泳在论坛上做了题为《互联网的位移趋势》的主旨发言。他从五百多年前意大利传教士绘制的《坤舆万国全图》讲起，非常清晰地揭示了互联网正在从边缘走向中心的事实和真相。

改变看问题的角度，世界将是崭新的。胡泳称，《坤舆万国全图》传入中国的时候，是以中国为中心的，东西南北均为海洋——这反映了当时中国国民的世界观和中国人看世界的角度，当时中国人觉得自己就是世界的中心；但是如果民众分别从横版和竖版的角度看世界地图，就会对世界产生崭新的认识，对于世界看法的改变，最终会影响人们对于世界采取的行动。

按地质学家所说，大陆的漂移、海底的扩张，地球的六大板块都会发生位移，巨大的位移会产生一个令人震撼的结果：原来作为世界边缘的地带最后成为世界的中心！同样，《变革中国》的作者、诺贝尔经济学家得主科斯称，正在中国进行的改革也是一种“位移”——过去三十年中国发生的农村联产承包责任制、个体经济、乡镇企业和经济特区四大经济行为可以说是四大“边缘革命”，这四个“边缘革命”无一例外全部都是因为一股自下而上推动的力量，推动了中国的整体改革和进步，这些过程也是一个从边缘走向中心的过程——今天的互联网，可以称之为第五个“边缘革命”，这种革命来自顶层设计，是崭新的“边缘革命”。

基于比特的思想交换和交易。胡泳称用不同的观念来看世界可以换一个眼界，世界分为两种：原子世界和比特世界。他认为在发现构造我们这个社会的基本元素由原子变成了比特后，人们（包括正在变革中的传媒人）就要移动比特而不是原子，把自己从一个非常重的经济走向没有重量的经济，这样的思维转变就让人们面临着下一个巨大的创新土壤。由于整个互联网工程是消费驱动的，是颠覆式发展的，未来很多产业将一个一个电商化，移动比特而不是原子，会促进一系列创意产业产生，通过比特思维来交换和交易我们的思想，这种思维将影响到我们运用资本，甚至是劳工本身，从而衍生出一系列新的传媒产品：比如只限140个字符的推特（微博）；过去只限打电话的通信工具手机今天变成了娱乐中心、生产力提高工具、照相机，甚至是媒体界质，等等。

媒体已没“体”，媒介重在“介”。对媒体的变化，胡泳总结了四个“不是”：

因为新闻在今天已经变成大路货，在数字化浪潮下，大路货不能够给大家增添价值，命运就是可以预期的；代际也是一个问题，上一代人可能更看重如何分享新闻，下一代人分享的不是新闻而是信息；新闻在社交媒体上被重新定义，Facebook上的新闻含义跟我们传统的叫法已不一样；新闻生产本身已发生变化，从过去的一个专业变成今天的一种活动，是动态的活动。所以到今天，新闻不再是简单的新闻。

新闻从过去只供消费到今天变身为创造和分享，整个媒体的定义也由原来的一种特殊的产业部门或者是经济部门变身为有组织的廉价分享工具。英文media，中国人叫“媒体”，也叫“媒介”，现在这个“体”已经解散，真正回归到作为介质和分享的工具了。所以，现在的媒体已不再是简单的媒体了。

现在任何人都被赋予了自出版的能力，都可以成为新闻记者，每个普通人越来越成为彼此的基础设施，我们普通人不再完全通过媒体了解世界，而是在社交媒体上通过熟人分享信息、了解世界。所以，现在的媒体记者不再是“无冕之王”享受受众的景仰了。

原来被动消费的受众，加入了分享活动后从消费者变成创造者，“受”变成了“授”，“受众”变成了“授众”，发生了反客为主的变化。过去的受众现在构成了一个社区，导致媒体存在的方式或者媒介存在的方式，从以前（包括目前）以受众为基础转变为以用户为中心。过去把受众当成商品看待进行二次售卖，变成以用户为中心的服务，这是决定性的转变。所以今天，受众不再是单纯的受众，他也开始参与新闻的生产和传播了。

美联社前总裁汤姆·科利说，当我们来到移动互联网时代以后，我们跟媒体的接触是在一个一个参与的点上完成的，移动互联网时代的思维是触点思维。你使用什么应用，你通过什么设备，你在什么时间和在什么地方，这些都是移动应用的参与点，都将是由用户来决定的。

组织的转型：比媒介的转型更重要

当世界已走到比特的时代，过去一度还算庞大经济体的传媒产业，无论体量大小都将面对融合改革；而对以国有体制为核心的传媒产业而言，改革到最后都是体制机制的问题。

中国传媒大学副校长胡正荣在“2014年中国视听传媒发展论坛”演讲中称，体制创新是媒介融合的关键，对中国传统媒体来说，体制和机制的创新是真正媒介融合最核心的要素。

尽管有种种期待，2014年上半年国务院办公厅也印发了《文化体制改革中经营性文化事业单位转制为企业和进一步支持文化企业发展两个规定的通知》，明确提出“对按规定转制的重要国有传媒企业探索实行特殊管理股制度，经批准可开展试点”，但时至今日，特殊管理股制度并没有大规模地出现和推广。在体制机制创新都面临胶着之时，在本次媒体融合及投资论坛上，北京拓尔思信息技术股份有限公司总裁施水才开出了具体的“小药方”，他在题为《大数据和媒体融合创新》的现场演讲中进行了高度总结和提炼：

传媒集团普遍缺乏有技术背景的领导。施水才认为，传媒集团的老大必须具有技术敏感性，在集团层面必须拥有有技术背景的领导，但目前传统媒体领导层懂技术的负责人很少，甚至几乎没有。事实上，内容是上半身，技术是下半身，上半身当然是核心，但没有下半身就会没有后代。媒体转型面临的问题，最终将不是介质问题，不是决定于搞互联网、手机和其他什么信息手段，而是重在组织转型，这比媒介的转型更为重要。

组织的转型首先是组织架构的转型。施水才提出，要进行组织转型，需要完成五个转变：1. 要将读者转为用户，要知道自己的用户是谁，要精确地为用户画像，要用产品思维代替读者思维；2. 要从以流程为中心，转为以数据为中心；3. 要从传统的出版技术转到智能信息服务，因为传媒业的未来是大数据；4. 要从单一转到融合，现在政府在媒体化、企业在媒体化、个人在媒体化，传媒业要从仅仅搞新闻内容，转为搞信息服务；5. 传媒机构和传媒人，要从封闭转到开放。

世界在分化而不是融合。施水才认为，现在是非常焦虑的时代，互联网思维，媒体融合发展已是一个趋势，但现在很多人还在思考谁融合谁的问题，而从世界范围来看真正成功首先是要分化的，所有创新的东西都是从某一个点上开始，融合事实上可能是分化一定阶段后才会发生的事情。

创新个案：在云时代要能接地气地活着

传媒转型和融合发展是个世界性的难题，不同地方不同的传媒集团都要结合自己的实际情况进行度身量造的落地。在中国传媒变革版图上独树一帜的浙江日报报业集团，其总工程师、传媒梦工场CEO蒋纯在首届媒体融合论坛上做了题为《新媒体及文化产业发展的资本偏好》的演讲，他根据自己对媒体行业产业链的研究和理解，认为“参与感”将是未来受众为媒体买单的重要因素，他说：“世界因科技而变平，但因人文将再起波澜；每一条物理的连接，都需要人文的精神去连接。”

而依托文化创意产业作为延伸自己新媒体产业风口的羊城晚报报业集团，便在结合自己的具体优势努力打造“人文和精神”。互联网界和传媒界的“思想家”胡泳，也称自己“非常高兴来到这个地方（羊城创意产业园——编辑注），发现这个地方不太像一个报社，非常像一个创业园”。在首届媒体融合及投资高峰论坛上，羊城晚报报业集团管委会主任刘红兵在致辞时表示，“在云的时代要接地气地活着”，为了融合发展的目标，巩固话语权、优化传播手段和重建产业链，羊城晚报报业集团媒体将以旗下的羊城创意产业园为接地气的基点和独特平台，打造传媒创意和金融创业生态圈，实现产业融合。

产业园区入驻企业已达百家，产业链初具规模。据刘红兵介绍，经过数年发展，羊城创意产业园目前已成为移动互联产业和创意产业聚集的特色园区，园区入驻企业达到100多家，集合了羊城晚报集团推进媒体融合发展所需要的一批优秀合作伙伴，媒体融合产业链初具规模。一直致力于推进数字出版转型的羊晚集团，正在创意产业园搭建媒体融合平台，构建立体传播体系。

刘红兵称，“我们已经生活在一个云的时代，但人不能只在云端活着。在互联网时代更要过滤噪声的干扰，找到并专注于自己的方向”。他着重提出，在推进媒体融合发展中，要处理好三个关系：一是“轻与重”的关系。原本被称为“轻产业”的互联网巨头正在通过收购变得越来越重，信息自身作为虚拟产业仍然要回到现实，基于实体的服务构建就显得很迫切，羊城创意产业园作为接产业地气的实体，集合了媒体生态圈和产业链的众多优秀产业伙伴，它们将成为集团介入互联网产业的基础平台和实体入口。二是“多和少”的关系。如果打算提供有竞争力的内容服务，就必须解决资讯的价值，也就是从大量低密度、低价值信息的梳理和发掘中，提取少量的高密度信息。这是未来媒体进入数据产业的核心。而确定价值高低的标准，必须从消费者的角度出发，接好用户的地气。三是“内和外”的关系。互联网技术迭代快速，完全依靠传媒自建的生产闭环已经不能满足实际需要，必须把生产和服务从单打独斗转变为平台协作，既可以是直接外包、业务定制，也可以参与投资、共同开发。要打破内和外的介质，坚持只做自己最擅长的事情；不擅长的事情，就找外部资源、外部服务，和外部的伙伴一起做。

第三章

普利策奖的坚持与改变

——普利策奖评选委员会执行官斯格·吉斯勒教授专访

2014年4月14日下午3点，普利策奖评选委员会执行官斯格·吉斯勒教授在哥伦比亚大学新闻学院的世界大厅讲台上宣布，将本年度公共服务报道奖授予《华盛顿邮报》和《卫报》美国版，对这两家媒体2013年在美国国家安全局监听事件上所做的深度报道给予了最权威的肯定，也再次激发了全球媒体重新审视自身角色的价值。

《华盛顿邮报》在公共事件报道上的杰出表现第一个高潮发生在1973年，那一年，《华盛顿邮报》对水门事件的调查报道迫使尼克松政府任命独立检察官调查此案。该组轰动世界的报道摘取了当年的普利策公共服务新闻奖。40年后，同样为了公众知情权，该报以最强硬的态度履行了媒介的政府监督职责，成功地再现了新闻史上的经典。

“他们的报道不仅非常详尽，也在更高层次上为公众带来了很有价值的议题”，普利策奖评选委员会执行官斯格·吉斯勒教授在公布结果后的第三天，也就是4月16日接受笔者独家电话专访时认为获奖者实至名归，符合普利策奖的一贯原则。

委员会给两个获奖者的颁奖词分别是：

“《华盛顿邮报》通过权威而有洞见性的报道帮助公众理解在一个更宽广的意义下，信息披露机制应该如何与国家安全的议题相互协调。”

“《卫报》美国版的激进性报道引起了舆论对于国家安全和公众隐私之间如何权衡的讨论。”

对于这个大奖，《卫报》美国版主编珍妮·吉布森在欢呼雀跃的那一刻也长吁了一口气，因为她事后回顾：“做这则报道的日子艰难而疲惫，有时候甚至心灰意冷。”

正在俄罗斯避难的斯诺登本人于公布结果当天立刻发表声明，称“与全世界的人一同祝贺格伦·格林沃尔德、劳拉·柏翠思、巴顿·格尔曼、埃文·麦卡斯吉以及《华盛顿邮报》和《卫报》的所有人”，这两家媒体人的获奖是“对所有相信公众需要在政府中发挥作用的人士的辩护”。

这些勇敢的记者一直是美国新闻业的中流砥柱。普利策奖共含14项新闻奖和7项创作奖。每年4月中旬的周一下午3点，横跨全美的数百上千家媒体的编辑室成员都会聚首等待。这是美国也是全球新闻界最大的盛事。

斯诺登的评价试图再一次提醒众人，有一些仅靠个人良知无法改变的东西，自由媒体能够做到。这也的确与普利策奖的意图吻合，它力求表彰的正是公众利益的维护者和历史的忠实记录者。

然而如同几十年前的五角大楼文件事件和水门事件，斯诺登事件爆发之后媒体的步步紧逼让美国政府深感不安，新闻从业者“看门人（Watchdog）”定位的抵触者也抛出了异常激烈的言辞。

争议的焦点主要集中在以下两点：

1. 政府“基于国家安全”为理由的间谍行为与公众隐私权之间的边界应该如何权衡?

2. 斯诺登泄密的行为涉嫌触犯了《反间谍法》，那么他的行为究竟是一种“公民抗命”或者说“公民不服从”的行为，还是一种叛国的行为呢?

国会议员彼得·金在该奖项宣布后立即在自己的推特上发表推文，“普利策奖为斯诺登泄密事件提供可能性的人颁奖是一种耻辱”。

该评论一石激起千重浪，引发众多媒体的强力回击——

美国著名社交媒体《赫芬顿邮报》作者Jack Mirkinson在4月14日发表文章称：“普利策奖否定了那些认为斯诺登是叛国贼的观点。”

英国《卫报》总编辑Alan Rusbridge认为，这次普利策奖评选委员会把公共服务奖颁给这两家媒体传达了一个有力信息，反驳了那些认为斯诺登是叛国贼的观点。他在一封给编辑部的内部信件中写道：“因为斯诺登表现出了‘公共服务’的精神。”

美国《纽约客》4月15日撰文说："如果这届普利策奖不涉及任何有关斯诺登的文件和报道，那么它将会是一个'丑闻'（Scandal）。因为正是因为这些报道，让总统需要面对他原本不想回答的关于人权和间谍行为的冲突性问题，国会需要反思他们在相关问题上的监管不力，私人企业需要重新思考它们对于公众隐私和相关法律所承担的责任，公众也开始考虑他们在各种公共和私人场合的对话隐私是否需要或应该受到何种程度的保护，媒体也需要反思他们对法律、对宪法、对读者以及对保护信源的责任。"

以上每一点，以及事件引起的广泛影响，正与普利策奖倡导的"公共服务"精神密切相关，也是媒体公共服务的精髓。

"媒体只是做了他们该做的事情，他们透过严谨的专业主义处理了这些稿件，甚至引用了政府方面的信源进行平衡，实际上他们手头拥有的涉密文件比报道中披露的更多。"

获奖摄影师Davidson指出，两个媒体事实上有权选择是放弃报道还是让这些文件曝光。事实上，新闻从来就是一项需要冒风险去完成的事，而不是恰恰相反。Davidson还回顾了自1918年开始颁发的公共服务奖，包括水门事件和五角大楼文件案在内的许多案例，都涉及了对政府行为的监督。

"那些报道斯诺登事件的媒体不只是曝光了文件，还在那个基础上付出了巨大努力寻找事件背后不为人知的细节，同时他们还要恪守不损害国家安全的原则，平衡公众知情权和国家利益的特殊性质，这是非常难做到的。"吉斯勒在采访中说。虽然他在宣读当天以及一个月后的颁奖午宴上都没有过多评价斯诺登事件的意义，但委员会的决策本身就被媒体和大众解读为"为斯诺登辩护"。

普利策奖从立名开始就明确表示不会为任何决定进行解释和评价。吉斯勒曾在接受媒体访问时说道："理由很简单，就是为了让评审和委员会能在讨论时无所顾忌地发表观点，不用因为担心事后被媒体引述而言不由衷，这也保证了普利策奖能一直秉持最严苛的标准。"

美国传媒学者詹姆斯·凯瑞曾经反思美国新闻专业主义中对"独立"一词的理解，他认为，当美国的新闻业因为"五角大楼文件案"和"水门事件"走向顶峰的同时，实际上，透过触犯法律的行为获得文件和信源的做法，本身就是对于社会法治建制的破坏。从这个意义上，斯诺登和棱镜门只是上述这些事件在21世纪初的新版本，但是讨论仍然是开放的，目标是应该在各种合理和合法但又相互冲突的观点之间拿捏平衡的界限。而正是因为报道带来的这些讨论和反思，使得它的“公共服务”意涵反而更加深刻。

旅加学者陶短房（本名陶勇）认为，在处理斯诺登的问题上，普利策奖的策略是折中：“公共服务奖既有分量，又不至于太过‘抢镜’，如此一来既可显示‘普利策不会错过年度重大事件’，也算对反对者有个交代。更值得注意的是，公共服务奖的获奖者并非格林沃尔德、格尔曼两名记者，而是《卫报》和《华盛顿邮报》两家报纸，其用意，是既让人一下联想到棱镜门、斯诺登，又可理直气壮地从理论上和斯诺登拉开距离，让较劲双方都无从指责。奖项公布后，斯诺登本人称赞相关报道媒体、记者‘面对前所未有的恐吓和反恐法律的被滥用，表现出非凡勇气’，并对普利策奖借此鼓励公众加强对政府的监督表示欢迎。保守派人士虽不满意却也无话可说。”

审时度势标准不断有微调

笔者与教授预约采访的过程非常顺利，在3月初第一次给他的办公室打电话时就定下了时间。“整个2月至4月，我都非常忙，每天要和评审一起看稿子，4月中旬宣布结果前后要接听全世界各地打来的电话。”他说。

作为全美新闻行业的最高荣誉之一，普利策奖与哥伦比亚大学的两个地方紧密相关，一是位于新闻学院3楼的世界大厅（World Room），二是学校洛氏图书馆（Low Library）的圆形大厅。前者为春季评审闭关审稿和委员会最终宣布结果的地点，后者是5月下旬颁奖午宴的举办地。

在每年8月初新闻学院的新生入学会上，院长和教授都会站上讲台告诉几百位满怀憧憬的年轻记者：每年的普利策奖就诞生于这个房间，这个演讲台就是4月宣布结果的地方。正面墙上的彩色玻璃窗上有自由女神的绘图，这面窗最早就位于约瑟夫·普利策的《纽约世界报》大楼里。

每年12月中旬至次年1月下旬，来自全国各地的几千份参选稿件陆续提交至普利策奖的网站。14个新闻奖的每个分类下都有5—7位从全国新闻界挑选出的评审，其中不少就是获奖者。2011年，《费城问询报》5名记者耗时一年对当地广泛存在的高中校园暴力进行了深度调查，完成300多个采访，建立了一个庞大的数据库用以分析当地5年内的3万多起校园暴力事件。2012年该组报道凭借“强大的文字叙述和视频材料，揭示了未成年人之间的施暴犯罪行为，促进改革保证教师和学生安全”获得了普利策公共服务报道奖。团队核心记者之一苏珊·辛德（Susan Snyder），正是今年公共服务报道奖的7位评审之一。

4月，102位评审在世界大厅内闭关3日，在高强度的审阅和讨论后票选出3篇提名稿交至委员会。委员会17名成员再在事先阅读过所有稿件的前提下闭关两天，敲定赢家。

“所有稿件必须有很流畅的叙述和引人入胜的故事情节，也要对文中提出的问题给出合理的解决方案。每个分类有特定的要求，比如评论稿要有很强的说服力和社会影响力，调查报道要有扎实的事实或数据支撑。但是论及评选过程本身，普利策奖从来就没有硬性标准，这是一个很主观的决定。”吉斯勒教授在采访中说道。

根据他的描述，评审团手边只有三个参考依据：稿子、推荐信和自我陈述。他们会将自己尽可能置身于新闻事件发生的当下，感受文章的行文和结构合理性，评判清晰程度和社会效应，然后评审团成员共同决定提名。

2014年没有任何媒体获得专题报道奖，这在普利策奖历史上并不罕见。2011年没有突发新闻奖获得者，2012年没有评论奖获得者。2014年入围专题报道奖的3篇提名作品来自《达拉斯晨报》《洛杉矶时报》和《密尔沃基哨兵报》。

资深记者和新闻学研究者罗伊·彼得·克拉克（Roy Peter Clark）曾担任过4次普利策奖评审，他在4月15日的专栏中分析2014年的留白时说道：

第一种可能是最后3篇提名稿并非严格意义上的专题报道，这种由几个故事组成的系列报道比较容易失去核心主题。

第二是，这3篇都很长，任何稿件都要将长度控制在能全面阐释观点但又不失去读者注意力的范围内，但我断断续续花了好几天才把它们读完。这几篇稿子的开头和结尾都比中间部分精彩，这是长篇报道典型的问题。

第三是，这几篇单独阅读都是硬新闻，但放到一起不免让读者和评审觉得极其压抑（话题大量涉及儿童家庭暴力、谋杀和解剖）。

最后一种可能性是投票的难度，委员会17个人需要9票才能选出一个获奖者，而并非每年每个分类都有一个压倒性的赢家。

2000年以后，随着互联网和新闻行业的快速演进，新的媒介表现形式不断涌现。奖项的评选标准没有过颠覆性的变化，但也随着行业发展需要进行了微调。

本届征集前，评委会决定“公众宣传活动”不再是评论新闻奖参选稿件的硬性要求。这一类活动通常指有大量民众参与的讨论、投票、决策等，过去该奖项的获得者都成功地将报道中的观点落实到线下，实现了教育读者，引导舆论甚至修改政策和法律的目的。

比如2013年的获奖作品中，《坦帕湾区时报》的蒂姆·尼肯斯和丹尼尔·鲁斯，通过有理有据的报道和大量深入读者的宣传活动，成功扭转了当地政府供应去氟生活用水的决定，为70万户家庭的生活带来了实质性的影响。

“现在只要评论稿的风格清晰，说理扎实，有明确的道德指向性，能利用好新闻工具影响公众舆论，就可以参选。我们给全国很多中小媒体同时发出了邀请，告知这个门槛变化，效果非常明显。今年总共收到了近80篇稿件。”吉斯勒在接受《岭南传媒探索》杂志访问时特别说明。

2014年的评论新闻奖获奖者是波特兰市《俄勒冈人》的编辑团队，他们用评论解释了不断攀升的养老保险成本，以浅显的方式解读了这一急迫而复杂的社会问题，同时为当地读者提供了参考措施。

“几乎每年都有一些细微的补充和修改，使各门类的定义更清晰。”吉斯勒说。

另一个意义深远的变化发生在2006年，当时委员会去除了1991年成立的条线报道奖，增加了地方报道奖。“这一改变并没有影响参选门槛。原来提交到条线报道的稿子现在仍然可以按属性提交到其他几个分类，比如国家事务报道、调查报道、解释性报道以及新建立的地方报道。”

第一次接受中国学术团体——广东省新闻学会和《岭南传媒探索》杂志独家专访的吉斯勒教授，1994年从斯坦福大学加入哥伦比亚新闻学院，教授该学院最重要的基础课程——报道与写作（Reporting and Writing ）。他2002年起担任普利策奖评选委员会执行官。本届普利策奖评选结束后，他正式卸任该职位，由普林斯顿高等教育机构的丹尼尔·艾伦领导的研究委员会接管奖项的执行工作。

同时，哥伦比亚大学校长李·柏林格、哥伦比亚大学新闻学院院长斯蒂夫·考、《华尔街日报》评论版编辑保尔·季格特、《坦帕湾区时报》首席执行官保尔·塔什、尼曼新闻基金的管理者安·玛丽·莉平斯基以及普利策奖董事会的前任成员都将担任委员会顾问。

因为普利策奖的权威性和吉斯勒个人对新闻学发展的贡献，2014年在奖项之外，公众也向吉斯勒教授本人投去了更多关注的目光。他在接受美媒采访时说："我将普利策奖推向了新媒体时代，今年夏天我就79岁了，是时候退休了。"但他表示可能还会继续执教和进行写作。

激励媒体充分竞争求变革

从2009年开始，普利策奖为在线媒体敞开了大门，并逐步允许任何形式的媒体作品参与竞争。除了摄影报道，各新闻奖分类都鼓励充分运用文字、视频、照片和互动媒介为新闻内容打造最佳呈现效果。"记者可以提交多媒体打包稿件，今年的国家事务报道中就有很多这样的例子。"吉斯勒教授说。

获奖者科罗拉多州清泉城《公报》的记者大卫·菲利普斯跟踪报道了4个从伊拉克和阿富汗战场回国的美国士兵。他结合了长篇文字、图片特写和大量视频，拿到了监狱视频截图、士兵的受伤部位扫描图，并整理了美军退役士兵数量制成图表，让读者能以最直观的方式看到采访对象出征前后的鲜明对比、九死一生的现场还原和巨大创伤后无法抹灭的疤痕。这组报道最终迫使美国国会介入调查。

"这也激励了很多传统纸媒去革新表现形式，做了很多在线媒体做的事。"吉斯勒说。

两年前，凭借长篇通讯《战场之外》获得普利策新闻奖国家报道奖的《赫芬顿邮报》高级军事记者David Wood从20世纪70年代开始就在传统媒体工作，此前他曾获得普利策奖的提名。他的执行编辑Timothy O'Brien认为："这个普利策奖代表了对David Wood数十年间非凡工作表现的认可。"他同时感谢评选委员会认可伟大的新闻业可以在互联网时代重新繁盛。

Wood认为，作为新媒体代表的《赫芬顿邮报》，这里的工作环境给了他很多支持和动力去完成艰难的采访和报道工作。同时，他特别感谢自己曾经在传统媒体工作中受到的职业技能训练和宝贵的工作经验。

纽约大学教授Jay Rosen指出，当新媒体在普利策奖舞台上纷纷登场时，实际上将会刺激传统媒体做出改变，“在对新技术的运用方面，无论是新媒体还是旧媒体，它们都将变得更加相似”。

今天，社交媒体正以各种形式参与到媒体报道中。这类平台包括Facebook、个人博客、推特或者视频分享网站。

“社交网络可以给记者提供最及时的事件变化进展，在突发新闻中运用得非常多。”吉斯勒说。2014年的获奖者中，因报道波士顿马拉松爆炸事件而获突发新闻奖的《波士顿环球报》就充分证明了数字媒体、社交应用和传统图文结合在快速现场报道中的巨大张力。

作为传统媒体，《波士顿环球报》今年获得突发报道奖，这是它们在最近12年里的第7次获奖，也是历史上第23次。但是突发报道奖则是第一次。组委会赞扬它们的报道“全面彻底，而且善于运用新媒体的技术”，而新媒体技术的优势，恰恰可以体现在对“突发报道”的呈现之上。

但技术决定论却不应该被过分夸大。实际上，无论是《赫芬顿邮报》的Wood还是《波士顿环球报》的得奖报道，都可以看出一种深厚的社会关怀在其中。在Wood的报道里，充满了对现代战争语境下的人道主义反思和关怀，他认为，“向读者讲故事是我这一生中的光荣”。

而本届获奖的《波士顿环球报》的员工们则表示，他们没有一个人想要去报道这个悲剧，他们宁愿这件事没有发生，但他们能做的，就是传达这座城市在灾难后的精神面貌，并且为这场灾难做一见证。而恰恰这些，正是传统新闻专业主义所最应坚守的品质，它们不会也不应在介质发生转换的新媒体语境下发生转变。

吉斯勒对《岭南传媒探索》特约记者说，众筹类内容常常对报道有很大的贡献，不过从普利策奖对深度新闻的评判角度看，没有任何内容可以替代扎实的基础调查。“技术不是保证，只是工具，它们可以被很好地利用，也会被滥用，”他说，“记者必须走出去挖掘、采访，调查事件背后的真相，找多方相关信源考证，衡量利弊，然后在报道中做出理性的判断。”

吉斯勒教授来过中国两次，分别在1995年和2005年，到过北京、上海和西安。

“即便那已经是多年前，我也对当时中国媒体的日渐开放印象深刻。尤其是一些地方媒体，我被记者们尝试突破现有禁锢的努力所震惊，他们做了很多优秀的调查报道。”他说。

当谈到对下一代中国记者和新闻专业学生的建议时，吉斯勒说道：“我是个相信基础的人。要做一个好记者，你不能依赖对新的技术有过多依赖，必须跑出去调查。另外，我理解无论在哪个国家，年轻的记者往往很难找到一件事的核心和重点，但用好故事吸引公众的兴趣就是我们的最终职责。”

（本文与丁晨洁、范华合作采访撰写）

【人物档案】

普利策奖评选委员会执行官斯格·吉斯勒教授（Sig Gissler）

2014年1月15日，普利策奖评选委员会在其官方网站上宣布，委员会现任执行官，78岁的Gissler教授将会在今年夏天退休。

官方新闻稿介绍，Gissler教授从2002年起担任委员会主席，在任期内，他深刻地推动了普利策奖向一个新媒体时代迈进。3年前，普利策奖评选的申报资格向数字化媒体开放，而不再仅仅只有传统媒体参赛。

普利策委员会主席Paul Tash称，Gissler教授在他的任期内尽忠职守，表现出非凡的智慧，使普利策奖的评选运转更加顺畅，“很难想象没有他的普利策奖”。

Gissler是芝加哥人，毕业于Lake Forest College，1975—1976年成为斯坦福大学新闻学者（Journalism Fellow），1993年又成为该校访问教授（Visiting Professor）。在担任普利策奖执行官前，Gissler有25年记者生涯，历任记者、编辑等职位。1993年，他离开媒体，成为Freedom Forum’s Media Studies Center高级院士，开始从事种族报道研究，1994年获得哥伦比亚大学教职，教授报道与写作课程，并开设了“Raceand Ethnicityin the New Urban America”研讨会，还建立了致力于研究种族、伦理和报道议题的“Let’s Do It Better”项目，以及协助发展学校新媒体新闻的相关课程。Gissler于1998年当选传媒学院年度教师，2002年获得哥伦比亚大学的“Presidential Teaching

Award”。

据官方文件，新的普利策奖执行官是Danielle Allen，是普林斯顿大学一名社会科学教授。

附：

2014年普利策奖获奖名单和获奖理由

公共服务类

得奖者：《卫报》美国版、《华盛顿邮报》

获奖理由：

滥觞于斯诺登泄露的“国家安全局大规模秘密监控计划”机密文件，《卫报》美国版的激进性报道引起了舆论对于国家安全和公众隐私之间如何权衡的讨论。《华盛顿邮报》通过权威而有洞见性的报道帮助公众理解在一个更宽广的意义下，信息披露机制应该如何与国家安全的议题相互协调。

突发新闻报道

得奖者：《波士顿环球报》员工

获奖理由：

他们对波士顿马拉松爆炸案的报道彻底而富有感召力，随后还对疑犯的搜捕进行了跟踪报道。他们使用了照片和各种数码工具来捕捉整场悲剧所造成的影响。

调查性报道

得奖者：克里斯·汉比（服务机构：公共诚信中心）

获奖理由：

汉比的报道披露了一些（被企业聘用的）医生与律师团体，他们如何通过作弊的手段来否决那些（因工作）而患上黑肺病的矿工应得的补偿，该报道最终推动了相关的补救性立法工作。

解释性报道

得奖者：伊莱·塞斯罗（服务机构：《华盛顿邮报》）

获奖理由：

塞斯罗的报道精妙而令人不安，因为他揭露了当前在后衰退时期的美国，许多地方都在广泛使用“食物券”。他的报道促使人们去正视贫穷的议题。

地方报道奖

得奖者：威尔·霍布森、迈克尔·拉夫尔贾（服务机构：《坦帕湾区时报》）

获奖理由：

他们调查了（一个县机构）如何残酷地把当地无家可归的人安置到肮脏破落的地方，他们的报道也推动了相关制度的改革。

国内报道奖

得奖者：大卫·菲利普斯（服务机构：《公报》）

获奖理由：

他的报道揭示了受伤的退伍老兵如何受到不公正的对待，他们有时候会仅仅因为轻微的犯罪就失去生活福利的保障。这一系列报道最终导致了美国国会介入调查。

国际新闻奖

得奖者：杰森·赛普、安德鲁·马歇尔（服务机构：路透社）

获奖理由：

这是一个有胆量的报道，揭示了在缅甸的穆斯林少数族裔罗辛亚人如何受到暴力的迫害，他们为了逃离这个国家，常常成为人口贩卖网络的受害者。

特稿奖

空缺

社论奖

得奖者：斯蒂芬·亨德森（服务机构：《底特律自由新闻报》）

获奖理由：

他批评底特律金融危机的评论富含激情。

评论奖

得奖者：因加·萨弗隆（服务机构：《费城问询报》）

获奖理由：

她对于城市建筑的评论糅合了专业的知识、公民的热情和良好的可读性，而且观点具有持续的建设性。

社论写作奖

得奖者：《俄勒冈人》编辑部

获奖理由：

他们的社论揭示了俄勒冈紧迫而复杂的养老金问题，引起了读者的广泛关注，他们提及了必要的问题解决方案，以及它们对民众生活可能带来的影响，并把这些问题之间的关联写得让人易于理解。

社论漫画奖

得奖者：凯文·西尔斯（服务机构：《夏洛特观察家报》）

获奖理由：

他的作品机智而大胆，而且发人深省。

突发新闻摄影奖

得奖者：泰勒·希克斯（服务机构：《纽约时报》）

获奖理由：

他的摄影作品记录了发生在肯尼亚西门广场的恐怖袭击，展现了非凡的技巧和勇气，引人注目。

专题摄影奖

得奖者：乔希·哈纳（服务机构：《纽约时报》）

获奖理由：

他的作品让人动容，展现了一位在波士顿爆炸案中失去双腿的受害者如今如何艰难地适应新的生活。